根据十八届四中全会决定中提出的
国家机关"谁执法谁普法"精神最新编写

# 工业和信息化
# 法律知识读本

中国社会科学院法学研究所法治宣传教育与公法研究中心◎组织编写

总顾问：张苏军　　　总主编：陈泽宪

本册主编：陈百顺　朱国良

以案释法版

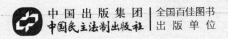
中国出版集团
中国民主法制出版社　全国百佳图书
出版单位

**图书在版编目（CIP）数据**

工业和信息化法律知识读本：以案释法版 / 中国社会科学院法学研究所法治宣传教育与公法研究中心组织编写；陈百顺，朱国良分册主编. --北京 ：中国民主法制出版社，2017.8

（谁执法谁普法系列丛书 / 陈泽宪总主编）

ISBN 978-7-5162-1566-1

Ⅰ．①工… Ⅱ．①中… ②陈… ③朱… Ⅲ．①工业法－基本知识－中国②信息法－基本知识－中国 Ⅳ.①D922.292.4②D922.84

中国版本图书馆CIP数据核字（2017）第173229号

责任编辑 / 陈　希
装帧设计 / 郑文娟

书　　名 / 工业和信息化法律知识读本（以案释法版）
作　　者 / 陈百顺　朱国良

出版·发行 / 中国民主法制出版社
社　　址 / 北京市丰台区右安门外玉林里7号（100069）
电　　话 / 010-62155988
传　　真 / 010-62168123
经　　销 / 新华书店
开　　本 / 16开　710mm×1000mm
印　　张 / 11.75
字　　数 / 207千字
版　　本 / 2017年8月第1版　　2017年8月第1次印刷
印　　刷 / 北京精乐翔印刷有限公司

书　　号 / ISBN 978-7-5162-1566-1
定　　价 / 28.00元
出 版 声 明 / 版权所有，侵权必究。

# 丛书编委会名单

# 总　序

## 搞好法治宣传教育
## 营造良好法治氛围

全面推进依法治国，是坚持和发展中国特色社会主义，努力建设法治中国的必然要求和重要保障，事关党执政兴国、人民幸福安康、国家长治久安。

我们党长期重视依法治国，特别是党的十八大以来，以习近平同志为核心的党中央对全面依法治国作出了重要部署，对法治宣传教育提出了新的更高要求，明确了法治宣传教育的基本定位、重大任务和重要措施。十八届三中全会要求"健全社会普法教育机制"；十八届四中全会要求"坚持把全民普法和守法作为依法治国的长期基础性工作，深入开展法治宣传教育"；十八届五中全会要求"弘扬社会主义法治精神，增强全社会特别是公职人员尊法学法守法用法观念，在全社会形成良好法治氛围和法治习惯"。习近平总书记多次强调，领导干部要做尊法学法守法用法的模范。法治宣传教育要创新形式、注重实效，为我们做好工作提供了基本遵循。

当前，我国正处于全面建成小康社会的决定性阶段，依法治国在党和国家工作全局中的地位更加突出，严格执法、公正司法的要求越来越高，维护社会公平正义的责任越来越大。按照全面依法治国新要求，深入开展法治宣传教育，充分发挥法治宣传教育在全面依法治国中的基础作用，推动全社会树立法治意识，为"十三五"时期经济社会发展营造良好法治环境，为实现"两个一百年"奋斗目标和中华民族伟大复兴的中国梦作出新贡献，责任重大、意义深远。

为深入贯彻党的十八大和十八届三中、四中、五中、六中全会精神和习近平总书记系列重要讲话精神，以及中共中央、国务院转发《中央宣传部、司法部关于在公民中开展法治宣传教育的第七个五年规划（2016—2020年）》，扎实推进"七五"普法工作，中国社会科学院法学研究所联合中国民主法制出版社，组织国内有关方面的专家学者，在新一轮的五年普法规划实施期间，郑重推出"全面推进依法治国精品书库（六大系列）"，即《全国"七五"普法系列教材（以案释法版，25册）》《青少年法治教育系列教材（法治实践版，30册）》《新时期法治宣传教育工作理论与实务丛书（30册）》《"谁执法（主管）谁普法"系列丛书（以案释法版，80册）》《"七五"普法书架——以案释法系列丛书（60册）》和《"谁执法（主管）谁普法"系列宣传册（漫画故事版，100册）》。

2017年5月中共中央办公厅、国务院办公厅印发的《关于实行国家机关"谁执法谁普法"普法责任制的意见》提出为健全普法宣传教育机制，落实国家机关普法责任，进一步做好国家机关普法工作，实行国家机关"谁执法谁普法"普法责任制。"谁执法谁普法，谁主管谁负责"工作是一项涉及面广、工作要求高的系统工程。它以法律所调整的不同社会关系为基础，以行业监管或主管所涉及的法律法规为主体，充分发挥行业优势和主导作用，在抓好部门、行业内部法治宣传教育的同时，面向普法对象，普及该专属领域所涉及的法律法规的一种创新性普法方式。

实行"谁执法谁普法，谁主管谁负责"是贯彻落实中央精神、贯彻实施"七五"普法规划、深入推进新一轮全国法治宣传教育活动的重要举措。这一重要举措的切实实施，有利于充分发挥执法部门、行业主管的职能优势和主导作用，扩大普法依法治理工作覆盖面，增强法治宣传教育的针对性、专业性，促进执法与普法工作的有机结合，有利于各部门、各行业分工负责、各司其职、齐抓共管的大普法工作格局的形成。

为了深入扎实地做好"谁执法谁普法，谁主管谁负责"工作，我们组织编写了这套《"谁执法（主管）谁普法"系列丛书（以案释法版，80册）》。该丛书内容包括全面推进依法治国重大战略布局、宪法、行政法以及行业管理所涉及的法律法规制度。全书采取宣讲要点、以案释法的形式，紧紧围绕普法宣传的重点、法律规定的要点、群众关注的焦点、社会关注的热点、司法实践的难点，结合普法学习、法律运用和司法实践进行全面阐释，深入浅出，通俗易懂，具有较强的实用性和操作性，对于提高行业行政执法和业务管理人员能力水平，增强管理对象的法治意识具有积极意义。

衷心希望丛书的出版，能够为深入推进行业普法起到应有作用，更好地营造尊法学法守法用法的良好氛围。

本书编委会

2017年7月

# 目　　录

# 第一章
# 全面推进依法治国战略部署

　　依法治国，就是广大人民群众在党的领导下，依照宪法和法律规定，通过法定形式管理国家事务，管理经济文化事业，管理社会事务，保证国家各项工作都依法进行，逐步实现民主制度化、法律化，建设社会主义法治国家。全面推进依法治国，是我们党从坚持和发展中国特色社会主义，实现国家治理体系和治理能力现代化，提高党的执政能力和执政水平出发，总结历史经验、顺应人民愿望和时代发展要求作出的重大战略布局。全面推进依法治国，必须坚持中国共产党的领导，坚持人民主体地位，坚持法律面前人人平等，坚持依法治国和以德治国相结合，坚持从中国实际出发。坚持依法治国、依法执政、依法行政共同推进，坚持法治国家、法治政府、法治社会一体建设，实现科学立法、严格执法、公正司法、全民守法，促进国家治理体系和治理能力现代化。

## 第一节　习近平总书记关于全面依法治国的重要论述

　　党的十八大以来，以习近平同志为核心的党中央围绕着"四个全面"的战略布局，将法治作为治国理政的基本方式，提出了全面推进依法治国的指导思想、总目标、基本原则、重要任务和具体法治改革措施，全面和系统地回答了与中国特色社会主义法治实践相关的重大理论问题，明确了中国特色社会主义法治道路的前进方向，为建设具有中国特色社会主义法治体系、全面推进法治中国建设提供了新的思想源泉和丰富的理论依据。

## 一、习近平总书记关于全面依法治国的具体阐述

以习近平同志为核心的党中央自党的十八大以来，结合中国社会主义现代化建设的实践和依法治国的具体要求，面对大量具体的法律问题全面和系统地提出的解决方案，是中国共产党人治国理政集体智慧的结晶。深入学习宣传习近平总书记关于全面依法治国的重要论述有助于党员干部能够在大是大非面前保持头脑清醒，树立看齐意识，做政治上的明白人。

### （一）"三个一体"建设
——坚持法治国家、法治政府、法治社会一体建设

党的十八大以来，习近平同志面对新世纪我国法治建设出现的新情况和新问题，在多次重要讲话中创造性地运用了重点论、系统论和辩证法等马克思主义的基本立场、观点和方法，对社会主义法治建设基本原则的各项要求作了符合当下中国实际的、深入细致的分析和论述，进一步丰富和完善了社会主义法治建设基本原则的内涵。习近平同志将法治建设与治国理政紧密地结合起来，揭示了中国特色社会主义法治建设各项工作之间的有机联系，着重强调"坚持依法治国、依法执政、依法行政共同推进，坚持法治国家、法治政府、法治社会一体建设"的"全面推进依法治国"的新思想、新理念。

习近平同志关于社会主义法治建设基本原则的论述，对立法、执法、司法和守法等法治工作的各个环节提出了更加科学合理和符合时代特点的高标准与新要求，对于建设法治中国设计了更为切实可行的实现路径，丰富了中国特色社会主义法治理论的思想内涵，提升了中国特色社会主义法治实践的目标期待。

### （二）"四个全面"布局
——全面建成小康社会、全面深化改革、全面推进依法治国、全面从严治党

党的十八大以来，以习近平同志为核心的党中央围绕着"全面建成小康社会"的宏伟目标，全面统筹小康社会建设、深化改革、法治建设和执政党自身建设之间的辩证关系，提出了"四个全面"的战略布局，从理论上明确了今后一段时间内执政党的大政方针和政策走向。2014年底，习近平同志在江苏调研时首次提出"全面建成小康社会、全面深化改革、全面推进依法治国、全面从严治党"的"四个全面"的论述。如何科学地认识"四个全面"之间的辩证关系，涉及执政党指导国家和社会建设的大政方针和政策的走向问题，事关重大。对此，2015年2月2日，习近平同志在省部级主要领导干部学习贯彻十八届四中全会精神全面推进依法治国专题研讨班开班式上的讲话中，全面系统和创造性地集中论述了"四个全面"战略布局的逻辑关系，深刻地阐明了全面推进依法治国在"四个全面"中的重要地位和作用。全面建成小康社会是我们的战略目标，全面深化改革、全面推进依法治国、全面从严治党是三大战略举措。要把全面推进依法治国放在"四个全面"的战略布局中来把握，深

刻认识全面推进依法治国同其他"三个全面"的关系，努力做到"四个全面"相辅相成、相互促进、相得益彰。全面建成小康社会、全面深化改革和全面从严治党都可以从不同角度和侧面来为全面推进依法治国提供良好的内外部环境和发展条件。

### （三）坚持依法治国首先要坚持依宪治国

习近平同志关于"依法治国首先是依宪治国"的论述，最核心的思想就是突出强调宪法作为根本法在全面推进依法治国中的基础性地位和重要作用。

2012年12月4日，习近平同志在首都各界纪念现行宪法公布施行30周年大会上的讲话中提出，"依法治国，首先是依宪治国"。
2014年9月5日，习近平同志在庆祝全国人民代表大会成立60周年大会上的讲话中进一步强调指出，"坚持依法治国首先要坚持依宪治国"。上述讲话精神在党的十八届四中全会《全面推进依法治国决定》中得到了完整的体现。党的十八届四中全会《全面推进依法治国决定》提出"坚持依法治国首先要坚持依宪治国"，并对宪法作为根本法在全面推进依法治国中的重要地位和作用进行了非常周密的阐述；对如何发挥宪法的作用以及如何贯彻依宪治国的要求作出了全面和系统的制度安排；从完善宪法理论和加强宪法实施等角度，提出了明确的目标和要求。这是我党第一次以党的文件形式大篇幅强调宪法相关内容，为在实践中推动宪法实施起到了非常重要的保障作用。

从实践来看，强调依宪治国在依法治国中的突出地位，关键是要正确处理宪法与部门法之间的关系，树立宪法法律至上的理念，特别是要使每一项立法都符合宪法精神，保证一切法律、法规、规章与宪法相一致，不得与宪法相抵触。同时还要保证政策与法律的一致性和法律法规内在的有机统一。对于一切违反宪法的行为都必须予以追究，维护宪法的权威和法制的统一性。

### （四）注重宪法和法律的实施

在首都各界纪念现行宪法公布施行30周年大会上的讲话中，习近平同志指出："宪法的生命在于实施，宪法的权威也在于实施。我们要坚持不懈抓好宪法实施工作，把全面贯彻实施宪法提高到一个新水平。"在庆祝全国人民代表大会成立60周年大会上的讲话中，习近平同志进一步强调指出："加强和改进法律实施工作。法律的生命力在于实施，法律的权威也在于实施。"

"法令行则国治，法令弛则国乱。"各级国家行政机关、审判机关、检察机关是法律实施的重要主体，必须担负法律实施的法定职责，坚决纠正有法不依、执法不严、违法不究现象，坚决整治以权谋私、以权压法、徇私枉法问题，严禁侵犯群众合法权益。

依法治国是我国宪法确定的治理国家的基本方略，而能不能做到依法治国，关键在于党能不能坚持依法执政，各级政府能不能依法行政。我们要增强依法执政意识，坚持以法治的理念、法治的体制、法治的程序开展工作，改进党的领导方式和执政方式，推进依法执政制度化、规范化、程序化。执法是行政机关履行政府职能、管理经济社会事务的主要方式，各级政府必须依法全面履行职能，坚持法定职责必须为、法无授权不可为，健全依法决策机制，完善执法程序，严格执法责任，做到严格规范公正文明执法。

从宪法和法律实施工作入手来抓法治，是习近平同志全面推进依法治国思想中最具特色的亮点，也是习近平同志治国理政"言必行、行必果"理念在法治实践中的具体体现。特别是宪法实施，更是各项法律实施工作中的重中之重。

### 二、全面推进依法治国方略

#### （一）基本原则

全面推进依法治国是一项系统工程，是国家治理领域一场广泛而深刻的革命，需要付出长期艰苦努力。在这一过程中，既要避免不作为，又要防范乱作为。为此，党的十八届四中全会明确提出了全面推进依法治国必须要坚持的基本原则。

1.党的领导原则

党的领导是中国特色社会主义最本质的特征，是社会主义法治最根本的保证。把党的领导贯彻到依法治国全过程和各方面，是我国社会主义法治建设的一条基本经验。我国宪法确立了中国共产党的领导地位。坚持党的领导，是社会主义法治的根本要求，是党和国家的根本所在、命脉所在，是全国各族人民的利益所系、幸福所系。实践证明，只有把依法治国基本方略的贯彻实施同依法执政的基本方式统一起来，把党领导立法、保证执法、支持司法、带头守法统一起来，把党总揽全局、协调各方同人大、政府、政协、审判机关、检察机关依法依章程履行职能、开展工作统一起来，把党领导人民制定和实施宪法法律同党坚持在宪法法律范围内活动统一起来，才能确保法治中国的建设有序推进、深入开展。

2.人民主体原则

法治建设的宗旨是为了人民、依靠人民、保护人民、造福人民。因此，全面推进依法治国，必须保证人民依法享有广泛的权利和自由，承担应尽的义务，维护社会公平正义，促进共同富裕。全面推进依法治国，就是为了更好地实现人民在党的领导下，依照法律规定，通过各种途径和形式管理国家事务，管理经济文化事业，管理社会事务。法律既是保障公民权利的有力武器，也是全体公民必须一体遵循的行为规范，因此全面推行依法治国，必须要坚持人民主体原则，切实增强全社会学法尊法守法用法意识，使法律为人民所掌握、所遵守、所运用。

3. 法律面前人人平等原则

平等是社会主义法律的基本属性。法律面前人人平等，要求任何组织和个人都必须尊重宪法法律权威，都必须在宪法法律范围内活动，都必须依照宪法法律行使权力或权利、履行职责或义务，都不得有超越宪法法律的特权。全面推行依法治国，必须

维护国家法制统一、尊严和权威，切实保证宪法法律有效实施，任何人都不得以任何借口任何形式以言代法、以权压法、徇私枉法。必须规范和约束公权力，加大监督力度，做到有权必有责、用权受监督、违法必追究。坚决纠正有法不依、执法不严、违法不究行为。

4. 依法治国和以德治国相结合原则

法律和道德同为社会行为规范，在支撑社会交往、维护社会稳定、促进社会发展方面，发挥着各自不同的且不可替代的交互作用，国家和社会治理需要法律和道德共同发挥作用。全面推进依法治国，必须既重视发挥法律的规范作用，又重视发挥道德的教化作用，要坚持一手抓法治、一手抓德治，大力弘扬社会主义核心价值观，弘扬中华传统美德，培育社会公德、职业道德、家庭美德、个人品德。法治要体现道德理念、强化对道德建设的促进作用，道德要滋养法治精神、强化对法治文化的支撑作用，以实现法律和道德相辅相成、法治和德治相得益彰。

5. 从实际出发原则

全面推进依法治国是中国特色社会主义道路、理论、制度实践的必然选择。建设法治中国，必须从我国基本国情出发，同改革开放不断深化相适应，总结和运用党领导人民实行法治的成功经验，围绕社会主义法治建设重大理论和实践问题，深入开展法治建设，推进法治理论创新。

（二）总体要求

十八届四中全会是我党历史上第一次通过全会的形式专题研究部署、全面推进依法治国问题。全会在对全面推进依法治国的重要意义、重大作用、指导思想和基本原则作了系统阐述的基础上，站在总揽全局、协调各方的高度，对全面推进依法治国进程中的人大、政府、政协、审判、检察等各项工作提出了工作要求。

1. 加强立法工作

（1）建设中国特色社会主义法治体系，坚持立法先行，发挥立法的引领和推动作用，抓住提高立法质量这个关键。立法工作要恪守以民为本、立法为民理念，贯彻社会主义核心价值观，要符合宪法精神、反映人民意志、得到人民拥护。要把公

正、公平、公开原则贯穿立法全过程，完善立法体制机制，坚持立改废释并举，增强法律法规的及时性、系统性、针对性和有效性。坚持依法治国，首先要坚持依宪治国、坚持依宪执政。一切违反宪法的行为都必须予以追究和纠正。为了强化宪法意识，党和国家以主治形式确定，每年12月4日为国家宪法日，在全社会普遍开展宪法教育，弘扬宪法精神。建立宪法宣誓制度，凡经人大及其常委会选举或者决定任命的国家工作人员正式就职时公开向宪法宣誓。

（2）完善党对立法工作中重大问题决策的程序。凡立法涉及重大体制和重大政策调整的，必须报党中央讨论决定。党中央向全国人大提出宪法修改建议，依照宪法规定的程序进行宪法修改。法律制定和修改的重大问题由全国人大常委会党组向党中央报告。健全有立法权的人大主导立法工作的体制机制。建立由全国人大相关专门委员会、全国人大常委会法制工作委员会组织有关部门参与起草综合性、全局性、基础性等重要法律草案制度。增加有法治实践经验的专职常委比例。依法建立健全专门委员会、工作委员会立法专家顾问制度。加强和改进政府立法制度建设，完善行政法规、规章制定程序，完善公众参与政府立法机制。重要行政管理法律法规由政府法制机构组织起草。明确立法权力边界，从体制机制和工作程序上有效防止部门利益和地方保护主义法律化。明确地方立法权限和范围，依法赋予设区的市地方立法权。

（3）深入推进科学立法、民主立法。加强人大对立法工作的组织协调，健全立法起草、论证、协调、审议机制，健全向下级人大征询立法意见机制，建立基层立法联系点制度，推进立法精细化。更多发挥人大代表参与起草和修改法律的作用。充分发挥政协委员、民主党派、工商联、无党派人士、人民团体、社会组织在立法协商中的作用，拓宽公民有序参与立法途径，广泛凝聚社会共识。

（4）加强重点领域立法。依法保障公民权利，加快完善体现权利公平、机会公平、规则公平的法律制度，保障公民人身权、财产权、基本政治权利等各项权利不受侵犯，保障公民经济、文化、社会等各方面权利得到落实，实现公民权利保障法治化。增强全社会尊重和保障人权意识，健全公民权利救济渠道和方式。

2. 深入推进依法行政，加快建设法治政府

各级政府必须坚持在党的领导下、在法治轨道上开展工作，创新执法体制，完善执法程序，推进综合执法，严格执法责任，建立权责统一、权威高效的依法行政体制，加快建设职能科学、权责法定、执法严明、公开公正、廉洁高效、守法诚信的法治政府。

（1）依法全面履行政府职能。完善行政组织和行政程序法律制度，推进机构、职能、权限、程序、责任法定化。行政机关要坚持法定职责必须为、法无授权不可为，勇于负责、敢于担当，坚决纠正不作为、乱作为，坚决克服懒政、怠政，坚决惩处失职、渎职。行政机关不得法外设定权力，没有法律法规依据不得作出减损公民、法人和其他组织合法权益或者增加其义务的决定。

（2）健全依法决策机制。把公众参与、专家论证、风险评估、合法性审查、集体讨论决定确定为重大行政决策作出的法定程序，确保决策制度科学、程序正当、过程公开、责任明确。建立重大决策终身责任追究制度及责任倒查机制，对决策严重失误或者依法应该及时作出决策但久拖不决造成重大损失、恶劣影响的，严格追究行政首长、负有责任的其他领导人员和相关责任人员的法律责任。

（3）深化行政执法体制改革。根据不同层级政府的事权和职能，按照减少层次、整合队伍、提高效率的原则，合理配置执法力量。推进综合执法，大幅减少市县两级政府执法队伍种类，重点在食品药品安全、工商质检、公共卫生、安全生产、文化旅游、资源环境、农林水利、交通运输、城乡建设、海洋渔业等领域内推行综合执法，有条件的领域可以推行跨部门综合执法；严格实行行政执法人员持证上岗和资格管理制度，未通过执法资格考试，不得授予执法资格，不得从事执法活动。严格执行罚缴分离和收支两条线管理制度，严禁收费罚没收入同部门利益直接或者变相挂钩。

（4）坚持严格规范公正文明执法。依法惩处各类违法行为，加大关系群众切身利益的重点领域执法力度。完善执法程序，建立执法全过程记录制度。明确具体操作流程，重点规范行政许可、行政处罚、行政强制、行政征收、行政收费、行政检查等执法行为。严格执行重大执法决定法制审核制度。全面落实行政执法责任制，严格确定不同部门及机构、岗位执法人员执法责任和责任追究机制，加强执法监督，坚决排除对执法活动的干预，防止与克服地方和部门保护主义，惩治执法腐败现象。

（5）强化对行政权力的制约和监督。加强党内监督、人大监督、民主监督、行政监督、司法监督、审计监督、社会监督、舆论监督制度建设，努力形成科学有效的权力运行制约和监督体系，增强监督合力和实效。加强对政府内部权力的制约，对财政资金分配使用、国有资产监管、政府投资、政府采购、公共资源转让、公共工程建设等权力集中的部门和岗位实行分事行权、分岗设权、分级授权，定期轮岗，强化内部流程控制，防止权力滥用。改进上级机关对下级机关的监督，建立常态化监督制度。完善纠错问责机制，健全责令公开道歉、停职检查、引咎辞职、责令辞职、罢免等问责方式和程序。完善审计制度，保障依法独立行使审计监督权。对公共资金、国有资产、国有资源和领导干部履行经济责任情况实行审计全覆盖。

（6）全面推进政务公开。坚持以公开为常态、不公开为例外原则，推进决策公开、执行公开、管理公开、服务公开、结果公开。各级政府及其工作部门依据权力清单，向社会全面公开政府职能、法律依据、实施主体、职责权限、管理流程、监督方式等事项。重点推进财政预算、公共资源配置、重大建设项目批准和实施、社会公益事业建设等领域的政府信息公开。涉及公民、法人或其他组织权利和义务的规范性文件，按照政府信息公开要求和程序予以公布。推行行政执法公示制度。推进政务公开信息化，加强互联网政务信息数据服务平台和便民服务平台建设。

3. 保证公正司法，提高司法公信力

完善司法管理体制和司法权力运行机制，规范司法行为，加强对司法活动的监督，努力让人民群众在每一个司法案件中感受到公平、正义。

（1）完善确保依法独立公正行使审判权和检察权的制度。建立领导干部干预司法活动、插手具体案件处理的记录、通报和责任追究制度。任何党政机关和领导干部都不得让司法机关做违反法定职责、有碍司法公正的事情，任何司法机关都必须执行党政机关和领导干部不得违法干预司法活动的要求。对干预司法机关办案的，给予党纪政纪处分；造成冤假错案或者其他严重后果的，依法追究刑事责任。

（2）优化司法职权配置。健全公安机关、检察机关、审判机关、司法行政机关各司其职，侦查权、检察权、审判权、执行权相互配合和制约的体制机制。完善审级制度，一审重在解决事实认定和法律适用，二审重在解决事实法律争议、实现二审终审，再审重在依法纠错、维护裁判权威；建立司法机关内部人员过问案件的记录制度和责任追究制度。完善主审法官、合议庭、主任检察官、主办侦查员办案责任制，落实谁办案谁负责。

（3）推进严格司法。健全事实认定符合客观真相、办案结果符合实体公正、办案过程符合程序公正的法律制度。加强和规范司法解释和案例指导，统一法律适用标准。全面贯彻证据裁判规则，严格依法收集、固定、保存、审查、运用证据，完善证人、鉴定人出庭制度，保证庭审在查明事实、认定证据、保护诉权、公正裁判中发挥决定性作用。明确各类司法人员工作职责、工作流程、工作标准，实行办案质量终身负责制和错案责任倒查问责制，确保案件处理经得起法律和历史检验。

（4）保障人民群众参与司法。坚持人民司法为人民，依靠人民推进公正司法，通过公正司法维护人民权益。在司法调解、司法听证、涉诉信访等司法活动中保障人民群众参与。推进审判公开、检务公开、警务公开、狱务公开，依法及时公开执法司法依据、程序、流程、结果和生效法律文书，杜绝暗箱操作。

（5）加强人权司法保障。强化诉讼过程中当事人和其他诉讼参与人的知情权、陈述权、辩护辩论权、申请权、申诉权的制度保障。健全落实罪刑法定、疑罪从无、非法证据排除等法律原则的法律制度。完善对限制人身自由司法措施和侦查手段的司法监督，加强对刑讯逼供和非法取证的源头预防，健全冤假错案有效防范、及时纠正机制。

（6）加强对司法活动的监督。完善检察机关行使监督权的法律制度，加强对刑事诉讼、民事诉讼、行政诉讼的法律监督。完善人民监督员制度，重点监督检察机关查办职务犯罪的立案、羁押、扣押和冻结财物、起诉等环节的执法活动。依法规范司法人员与当事人、律师、特殊关系人、中介组织的接触、交往行为。严禁司法人员私下接触当事人及律师、泄露或为其打探案情、接受吃请或者收受其财物、为律师介绍代理和辩护业务等违法违纪行为，坚决惩治司法掮客行为，防止利益输送。

4.增强全民法治观念，推进法治社会建设

弘扬社会主义法治精神，建设社会主义法治文化，增强全社会厉行法治的积极性和主动性，形成守法光荣、违法可耻的社会氛围，使全体人民都成为社会主义法治的忠实崇尚者、自觉遵守者、坚定捍卫者。

（1）推动全社会树立法治意识。坚持把全民普法和守法作为依法治国的长期基础性工作，深入开展法治宣传教育，引导全民自觉守法、遇事找法、解决问题靠法。坚持把领导干部带头学法、模范守法作为树立法治意识的关键，完善国家工作人员学法用法制度，把法治教育纳入国民教育体系，从青少年抓起，在中小学设立法治知识课程。健全普法宣传教育机制，各级党委和政府要加强对普法工作的领导，宣传、文化、教育部门和人民团体要在普法教育中发挥职能作用。实行国家机关"谁执法谁普法"的普法责任制，建立法官、检察官、行政执法人员、律师等以案释法制度。把法治教育纳入精神文明创建内容，开展群众性法治文化活动，健全媒体公益普法制度，加强新媒体新技术在普法中的运用，提高普法实效；加强社会诚信建设，健全公民和组织守法信用记录，完善守法诚信褒奖机制和违法失信行为惩戒机制，使尊法守法成为全体人民的共同追求和自觉行动；加强公民道德建设，弘扬中华优秀传统文化，增强法治的道德底蕴，强化规则意识，倡导契约精神，弘扬公序良俗。发挥法治在解决道德领域突出问题中的作用，引导人们自觉履行法定义务、社会责任、家庭责任。

（2）推进多层次多领域依法治理。深入开展多层次多领域法治创建活动，深化基层组织和部门、行业依法治理，支持各类社会主体自我约束、自我管理。发挥市民公约、乡规民约、行业规章、团体章程等社会规范在社会治理中的积极作用。建立健全社会组织参与社会事务、维护公共利益、救助困难群众、帮教特殊人群、预防违法犯罪的机制和制度化渠道，发挥社会组织对其成员的行为导引、规则约束、权益维护作用。

（3）建设完备的法律服务体系。完善法律援助制度，扩大援助范围，健全司法救助体系，保证人民群众在遇到法律问题或者权利受到侵害时获得及时有效的法律帮助。

（4）健全依法维权和化解纠纷机制。强化法律在维护群众权益、化解社会矛盾中的权威地位，引导和支持人们理性表达诉求、依法维护权益。建立健全社会矛盾预警机制、利益表达机制、协商沟通机制、救济救助机制，畅通群众利益协调、权益保障法律渠道。把信访纳入法治化轨道，保障合理合法诉求依照法律规定和程序就能得到合理合法的结果。健全社会矛盾纠纷预防化解机制，完善调解、仲裁、行政裁决、行政复议、诉讼等有机衔接、相互协调的多元化纠纷解决机制。完善立体化社会治安防控体系，有效防范、化解、管控影响社会安定的问题，保障人民生命财产安全。依法严厉打击暴力恐怖、涉黑犯罪、邪教和黄赌毒等违法犯罪活动，绝不允许其形成气候。依法强化危害食品药品安全、影响生产安全、损害生态环境、破坏网络安全等重点问题治理。此外，十八届四中全会还就法治工作队伍建设、党对全面推进依法治国的领导等重大问题提出了加强和改进要求。

## 严格依法办事，坚持从严治党

2015年5月22日，天津市第一中级人民法院鉴于周永康案中一些犯罪事实证据涉及国家秘密，依法对周永康案进行不公开审理。天津市第一中级人民法院经审理认为，周永康受贿数额特别巨大，但其归案后能如实供述自己的罪行，认罪悔罪，绝大部分贿赂系其亲属收受且其系事后知情，案发后主动要求亲属退赃且受贿款物全部追缴，具有法定、酌定从轻处罚情节；滥用职权，犯罪情节特别严重；故意泄露国家秘密，犯罪情节特别严重，但未造成特别严重的后果。根据周永康犯罪的事实、性质、情节和对于社会的危害程度，天津市第一中级人民法院于2015年6月11日宣判，周永康犯受贿罪，判处无期徒刑，剥夺政治权利终身，并处没收个人财产；犯滥用职权罪，判处有期徒刑七年；犯故意泄露国家秘密罪，判处有期徒刑四年，三罪并罚，决定执行无期徒刑，剥夺政治权利终身，并处没收个人财产。周永康在庭审最后陈述时说："我接受检方指控，基本事实清楚，我表示认罪悔罪；有关人员对我家人的贿赂，实际上是冲着我的权力来的，我应负主要责任；自己不断为私情而违法违纪，违法犯罪的事实是客观存在的，给党和国家造成了重大损失；对我问题的依纪依法处理，体现了中国共产党全面从严治党、全面依法治国的决心。"

释解

　　周永康一案涉及新中国成立以来第一例因贪腐被中纪委立案审查的正国级领导干部。周永康的落马充分反映了我们党全面从严治党、全面依法治国的坚定决心，说明反腐没有"天花板"，无论任何人，不管位有多高，权有多大，只要违法乱纪，一样要严惩不贷。周永康一案的宣判表明，无论是位高权重之人，还是基层党员干部，都应始终敬畏党纪、敬畏国法，不以权谋私，切忌把权力当成自家的"后花园"。通过办案机关依法办案、文明执法，讲事实、讲道理，周永康也认识到自己违法犯罪的事实给党的事业造成了损失，给社会造成了严重影响，并多次表示认罪悔罪。综观周永康一案从侦办、审理到宣判，整个过程都坚持依法按程序办案，很好地体现了"以法治思维和法治方式反对腐败"的基本理念。这充分说明，我们党敢于直面问题、纠正错误，勇于从严治党、依法治国。周永康案件再次表明，党纪国法绝不是"橡皮泥""稻草人"，无论是因为"法盲"导致违纪违法，还是故意违规违法，都要受到追究，否则就会形成"破窗效应"。法治之下，任何人都不能心存侥幸，也不能指望法外施恩，没有免罪的"丹书铁券"，也没有"铁帽子王"。

# 第二节　深入宣传学习宪法

　　《中央宣传部、司法部关于在公民中开展法治宣传教育的第七个五年规划（2016—2020年）》把"突出学习宣传宪法"作为"七五"普法规划实施期间法治宣传教育工作的一项重要任务。2016年4月28日十二届全国人大常委会二十次会议通过的《全国人大常委会关于开展第七个五年法治宣传教育的决议》也明确规定，坚持把学习宣传宪法摆在首要位置，在全社会普遍开展宪法宣传教育，重点学习宣传宪法确立的我国的国体、政体、基本政治制度、基本经济制度、公民的基本权利和义务等内容，弘扬宪法精神，树立宪法权威。

## 一、宪法概述

　　宪法是规定国家根本制度和根本任务，规定国家机关的组织与活动的基本原则，确认和保障公民基本权利，集中表现各种政治力量对比关系的国家根本法。

### （一）宪法的指导思想

　　宪法指导思想的明确，经历了一个逐步发展完善的过程。

　　第一阶段：四项基本原则。

　　1982年现行宪法制定，确立宪法的指导思想是四项基本原则，即坚持社会主义道路，坚持人民民主专政，坚持中国共产党的领导，坚持马克思列宁主义、毛泽东思想。

第二阶段：建设有中国特色社会主义的理论和党的基本路线。

1993年第二次修宪，以党的十四大精神为指导，突出了建设有中国特色社会主义的理论和党的基本路线。

第三阶段：增加邓小平理论。

1999年第三次修宪，将邓小平理论写入宪法，确立邓小平理论在国家中的指导思想地位。

第四阶段：增加"三个代表"重要思想。

2004年第四次修宪，将"三个代表"重要思想载入宪法，确立其在国家中的指导思想地位。

### （二）宪法的基本原则

1.人民主权原则

宪法规定，中华人民共和国的一切权力属于人民。人民行使国家权力的机关是全国人民代表大会和地方各级人民代表大会。人民依照法律规定，通过各种途径和形式，管理国家事务，管理经济和文化事业，管理社会事务。

2.基本人权原则

我国宪法第二章"公民的基本权利和义务"专章规定和列举了公民的基本权利，体现了对公民的宪法保护。2004年的宪法修正案把"国家尊重和保障人权"写入宪法，将中国的宪政发展向前推进了一大步。

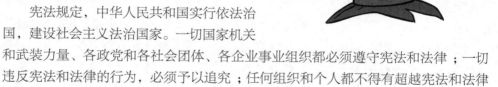

3.法治原则

宪法规定，中华人民共和国实行依法治国，建设社会主义法治国家。一切国家机关和武装力量、各政党和各社会团体、各企业事业组织都必须遵守宪法和法律；一切违反宪法和法律的行为，必须予以追究；任何组织和个人都不得有超越宪法和法律的特权。

4.民主集中制原则

宪法第三条第一款规定："中华人民共和国的国家机构实行民主集中制的原则。"民主集中制是我们党的根本组织制度和领导制度。民主集中制是民主基础上的集中和集中指导下的民主这样两个方面的统一。

### 二、我国的基本政治制度

#### （一）人民民主专政

宪法所称的国家性质又称国体，是指国家的阶级本质，反映社会各阶级在国家中的地位，体现该国社会制度的根本属性。

我国宪法规定，中华人民共和国是工人阶级领导的、以工农联盟为基础的人民民主专政的社会主义国家，即人民民主专政是我国的国体。

### （二）人民代表大会制度

人民代表大会制度是中国人民民主专政的政权组织形式（政体），是中国的根本政治制度。国家的一切权力属于人民。人民行使国家权力的机关是全国人大和地方各级人大。各级人大都由民主选举产生，对人民负责，受人民监督。人大及其常委会集体行使国家权力，集体决定问题，严格按照民主集中制的原则办事。国家行政机关、审判机关、检察机关都由人大产生，对它负责，向它报告工作，受它监督。

### （三）中国共产党领导的多党合作和政治协商制度

中国共产党领导的多党合作和政治协商制度是中华人民共和国的一项基本的政治制度，是具有中国特色的政党制度。中国共产党是执政党，各民主党派是参政党，中国共产党和各民主党派是亲密战友。中国共产党是执政党，其执政的实质是代表工人阶级及广大人民掌握人民民主专政的国家政权。各民主党派是参政党，具有法律规定的参政权。

中国人民政治协商会议，简称"人民政协"，是中国共产党领导的多党合作和政治协商的重要机构，也是中国人民爱国统一战线组织。中国人民政治协商会议是在中国共产党领导下，由中国共产党、各个民主党派、无党派民主人士、人民团体、各少数民族和各界的代表，台湾同胞、港澳同胞和归国侨胞的代表，以及特别邀请的人士组成，具有广泛的社会基础。

### （四）民族区域自治制度

民族区域自治制度，是指在国家统一领导下，各少数民族聚居的地方实行区域自治，设立自治机关，行使自治权的制度。

民族自治地方按行政地位，分为自治区、自治州、自治县。民族自治地方的自治权有以下几个方面：

（1）民族立法权。民族自治地方的人大有权依照当地的政治、经济和文化的特点，制定自治条例和单行条例。

（2）变通执行权。上级国家机关的决议、决定、命令和指标，如果不适合民族自治地方实际情况，自治机关可以报经上级国家机关批准，变通执行或者停止执行。

（3）财政经济自主权。凡是依照国家规定属于民族自治地方的财政收入，都应当由民族自治地方的自治机关自主安排使用。

（4）文化、语言文字自主权。民族自治地方的自治机关在执行公务的时候，依照本民族自治地方自治条例的规定，使用当地通用的一种或者几种语言文字。

（5）组织公安部队权。民族自治地方的自治机关依照国家的军事制度和当地的实际需要，经国务院批准，可以组织本地方维护社会治安的公安部队。

（6）少数民族干部具有任用优先权。

### （五）基层群众自治制度

基层群众自治制度是指人民依法组成基层自治组织，行使民主权利，管理基层公共事务和公益事业，实行自我管理、自我服务、自我教育、自我监督的一项制度。

中国的基层群众自治制度，是在新中国成立后的民主实践中逐步形成的。党的十七大将"基层群众自治制度"首次写入党代会报告，正式与人民代表大会制度、中国共产党领导的多党合作和政治协商制度、民族区域自治制度一起，纳入了中国特色政治制度范畴。

我国的基层群众自治组织主要是居民委员会和村民委员会。

## 二、我国的基本经济制度

### （一）所有制度

我国的所有制结构是以公有制为主体、多种所有制经济共同发展。这是我国社会主义初级阶段的一项基本经济制度。我国社会主义建设正反两方面的经验都表明必须坚持以公有制为主体、多种所有制经济共同发展，是符合我国的社会主义性质和初级阶段的国情。

非公有制经济是我国现阶段除了公有制经济形式以外的所有经济结构形式，主要包括个体经济、私营经济、外资经济等。非公有制经济是我国社会主义市场经济的重要组成部分，国家保护个体经济、私营经济等非公有制经济的合法权利和利益，鼓励、支持和引导非公有制经济的发展，并对非公有制经济依法实行监督和管理。

### （二）分配制度

我国现行的分配制度是以按劳分配为主体、多种分配方式并存的分配制度。这种分配制度是由我国社会主义初级阶段的生产资料所有制结构、生产力的发展水平，以及人们劳动差别的存在决定的，同时也是发展社会主义市场经济的客观要求。

按劳分配的主体地位表现在：（1）全社会范围的收入分配中，按劳分配占最大比重，起主要作用；（2）公有制经济范围内劳动者总收入中，按劳分配收入是最主要的收入来源。除了按劳分配以外，其他分配方式主要包括按经营成果分配；按劳动、资本、技术、土地等其他生产要素分配。

## 三、公民的基本权利和义务

### （一）公民的基本权利

公民的基本权利是由一国的宪法规定的公民享有的，主要的、必不可少的权利，故有些国家又把公民的基本权利称为宪法权。

1. 平等权

宪法规定，中华人民共和国公民在法律面前一律平等。这既是我国社会主义法治的一项重要原则，也是我国公民的一项基本权利。

2. 政治权利和自由

（1）选举权与被选举权。宪法规定，中华人民共和国年满十八周岁的公民，不分民族、种族、性别、职业、家庭出身、宗教信仰、教育程度、财产状况、居住期限，除依照法律被剥夺政治权利的人外，都有选举权和被选举权。

选举权和被选举权是公民参加国家管理的一项最基本的政治权利，也是最能体现人民群众当家作主的一项权利。

（2）言论、出版、集会、结社、游行、示威的自由。我国宪法一方面保障公民享有集会、游行、示威等自由；另一方面也规定了公民应当遵守有关的法律规定。

3. 宗教信仰自由

宪法规定，中华人民共和国公民有宗教信仰自由。尊重和保护宗教信仰自由，是我们党和国家长期的基本政策。

4. 人身自由

宪法规定，中华人民共和国公民的人身自由不受侵犯。任何公民，非经人民检察院批准或者决定或者人民法院决定，并由公安机关执行，不受逮捕。禁止非法拘禁和以其他方法非法剥夺或者限制公民的人身自由，禁止非法搜查公民的身体。人身自由不受侵犯，是公民最起码、最基本的权利，是公民参加各种社会活动和享受其他权利的先决条件。

5. 监督权

监督权是指宪法赋予公民监督国家机关及其工作人员的活动的权利，包括：

（1）批评权。公民有对国家机关和国家工作人员工作中的缺点和错误提出批评意见的权利。

（2）建议权。公民有对国家机关和国家工作人员的工作提出合理化建议的权利。

（3）控告权。公民对任何国家机关和国家工作人员的违法失职行为有向有关机关进行揭发和指控的权利。

（4）检举权。公民对于违法失职的国家机关和国家工作人员，有向有关机关揭发事实，请求依法处理的权利。

（5）申诉权。公民的合法权益因行政机关或司法机关作出的错误的、违法的决定或裁判，或者因国家工作人员的违法失职行为而受到侵害时，有向有关机关申诉理由、要求重新处理的权利。

6. 社会经济权利

（1）劳动权。劳动权是指有劳动能力的公民有获得工作并取得相应报酬的权利。

（2）休息权。休息权是为保护劳动者的身体健康和提高劳动效率而休息的权利。

（3）退休人员生活保障权。退休人员生活保障权是指退休人员的生活受到国家和社会保障的权利。

（4）获得物质帮助权。获得物质帮助权是指公民在年老、疾病或者丧失劳动能力的情况下，有从国家和社会获得物质帮助的权利。

7. 文化教育权利

公民享有从国家接受文化教育的机会和获得受教育的物质帮助的权利。

公民有进行科研、文艺创作和其他文化活动的自由。国家对于从事教育、科学、技术、文学、艺术和其他文化事业的公民的有益于人民的创造性工作，给予鼓励和帮助。

8. 对社会特定人的权利的保护

国家保护妇女的权利和利益。

婚姻、家庭、母亲和儿童受国家的保护；禁止破坏婚姻自由，禁止虐待老人、妇女和儿童。

保护华侨的正当的权利和利益，保护归侨和侨眷的合法的权利和利益。

**（二）公民的基本义务**

宪法规定的公民基本义务包括：

1. 维护国家统一和各民族团结。

2. 遵纪守法和尊重社会公德。

3. 维护祖国的安全、荣誉和利益。

4. 保卫祖国，依法服兵役和参加民兵组织。

5. 依法纳税。

6. 其他义务。

**四、国家机构的设置及功能**

国家机构是国家为了实现其职能而建立起来的国家机关的总和。我国国家机构由权力机关、行政机关、军事机关、审判机关、检察机关组成。我国国家机构的组织和活动有五大原则：一是民主集中制；二是联系群众，为人民服务；三是社会主义法治；四是责任制；五是精简和效率。

（一）权力机关

1. 全国人大及其常委会

（1）全国人大。全国人大是全国最高的权力机关、立法机关。全国人大由省、自治区、直辖市、特别行政区和军队选出的代表组成，各少数民族都应当有适当名额的代表。全国人大每届任期五年。

全国人大的主要职权：

立法权。修改宪法，制定和修改刑事、民事、国家机构的和其他的基本法律。

任免权。选举、决定和任免最高国家机关领导人和有关组成人员。

决定权。决定国家重大事务。

监督权。监督宪法和法律的实施，监督最高国家机关的工作。

（2）全国人大常委会。全国人大常委会是全国人大的常设机关，是最高国家权力机关的组成部分，在全国人大闭会期间，行使最高国家权力。全国人大常委会对全国人大负责并报告工作。全国人大选举并有权罢免全国人大常委会的组成人员。全国人大常委会每届任期同全国人大每届任期相同，它行使职权到下届全国人大选出新的常委会为止。

2. 地方各级人大及人大常委会

地方各级人大是地方权力机关。省、直辖市、自治区、县、市、市辖区、乡、民族乡、镇设立人大。县级以上的地方各级人大设立常委会，作为本级人大的常设机关。县级以上地方各级人大及其常委会委员每届任期五年。

3. 民族自治地方各级人大及人大常委会

民族自治地方的权力机关是自治区、自治州、自治县的人民代表大会。

民族自治地方的人民代表大会有权依照当地民族的政治、经济和文化的特点，制定自治条例和单行条例。自治区的自治条例和单行条例，报全国人民代表大会常务委员会批准后生效。自治州、自治县的自治条例和单行条例，报省或者自治区的人民代表大会常务委员会批准后生效，并报全国人民代表大会常务委员会备案。

（二）国家主席

国家主席是我国国家机构体系中的一个国家机关，和全国人大常委会结合起来行使国家职权，对外代表中华人民共和国。

（三）行政机关

1. 国务院

国务院即中央人民政府，是国家最高行政机关，是国家最高权力机关的执行机关，统一领导全国各级行政机关的工作。

国务院向全国人大及其常委会负责并报告工作，总理领导国务院的工作，副总理、国务委员协助总理工作。

2.地方各级人民政府

地方各级人民政府是地方国家行政机关，也是地方各级人大的执行机关。地方各级人民政府对本级人大和上一级国家行政机关负责并报告工作。县级以上的地方各级人民政府在本级人大闭会期间，对本级人大常委会负责并报告工作。地方各级人民政府都受国务院统一领导，负责组织和管理本行政区域的各项行政事务。

3.民族自治地方各级人民政府

民族自治地方的行政机关是自治区、自治州、自治县的人民政府。民族自治地方各级人民政府行使宪法规定的地方各级人民政府的职权，同时依照宪法、民族区域自治法和其他法律规定的权限行使自治权，根据本地方实际情况贯彻执行国家的法律、政策。

（四）军事机关

中央军委是中国共产党领导下的最高军事领导机关，统率全国武装力量，包括解放军、武装警察部队、民兵、预备役。

中央军委由主席、副主席、委员组成，实行主席负责制。主席由全国人大选举产生，副主席和委员根据主席的提名由大会决定，大会闭会期间由人大常委会决定。中央军委的委员每届任期五年，主席和副主席可以终身任职。

中央军委实行主席负责制，军委主席直接对全国人大及其常委会负责。

（五）审判机关

人民法院是国家的审判机关，依法独立行使审判权，不受行政机关、团体和个人的非法干预。人民法院体系由最高人民法院、地方人民法院（高级人民法院、中级人民法院、基层人民法院）、专门人民法院（军事法院、海事法院、铁路运输法院）构成。

最高人民法院监督地方各级人民法院和专门人民法院的审判工作，上级人民法院监督下级人民法院的审判工作。

最高人民法院对全国人大和全国人大常委会负责。地方各级人民法院对产生它的国家权力机关负责。

最高人民法院由院长、副院长、庭长、副庭长、审判员等若干人组成。最高人民法院的院长由全国人大选举产生，任期五年，连任不得超过两届。

（六）检察机关

人民检察院是国家的法律监督机关，依法独立行使检察权，不受行政机关、社会团体和个人的干涉。

人民检察院体系由最高人民检察院、地方人民检察院和专门人民检察院构成。最高人民检察院是最高法律监督机关，领导地方各级人民检察院和专门人民检察院的工作，上级人民检察院领导下级人民检察院的工作。

最高人民检察院对全国人大及其常委会负责。地方各级人民检察院对产生它的国家权力机关和上级人民检察院负责。

全国人大选举产生最高人民检察院检察长；根据最高人民检察院检察长的提请，全国人大常委会任免最高人民检察院副检察长、检察员、检察委员会委员和军事检察院检察长，并且批准省、自治区、直辖市的人民检察院检察长的任免。

### 五、国家宪法日和宪法宣誓制度

#### （一）设立国家宪法日

党的十八届四中全会通过的《中共中央关于全面推进依法治国若干重大问题的决定》提出，将每年12月4日定为国家宪法日。2014年11月1日，十二届全国人大常委会十一次会议通过的《全国人民代表大会常务委员会关于设立国家宪法日的决定》，正式将12月4日设立为国家宪法日；国家通过多种形式开展宪法宣传教育活动。

国家宪法日的设立，是为了增强全社会的宪法意识，弘扬宪法精神，加强宪法实施，全面推进依法治国。设立国家宪法日，有助于树立宪法权威，维护宪法尊严；有助于普及宪法知识，增强全社会宪法意识，弘扬宪法精神；有助于扩大宪法实施的群众基础，加强宪法实施的良好氛围，弘扬中华民族的宪法文化。

#### （二）宪法宣誓制度

1. 宪法宣誓制度设立

2015年7月1日，十二届全国人大常委会十五次会议通过了《全国人民代表大会常务委员会关于实行宪法宣誓制度的决定》，以国家立法形式确立了我国的宪法宣誓制度。实行宪法宣誓制度有利于树立宪法权威；有利于增强国家工作人员的宪法观念，激励和教育国家工作人员忠于宪法、遵守宪法、维护宪法。宪法宣誓仪式是庄严神圣的，宣誓人员通过感受宪法的神圣，铭记自己的权力来源于人民、来源于宪法，在履行职务时就可以严格按照宪法的授权行使职权，发现违反宪法的行为就能够坚决地捍卫宪法、维护宪法。实行宪法宣誓制度也有利于在全社会增强宪法意识。通过宪法宣誓活动，可以强化全体公民对宪法最高法律效力、最高法律权威、最高法律地位的认识，可以提高全体社会成员自觉遵守宪法，按照宪法规定行使权利和履行义务的能力。

2. 宪法宣誓制度适用主体

根据《全国人民代表大会常务委员会关于实行宪法宣誓制度的决定》的规定，宪法宣誓制度的适用主体主要有：各级人大及县级以上各级人大常委会选举或者决定任命的国家工作人员，以及各级人民政府、人民法院、人民检察院任命的国家工作人员。

3. 宪法宣誓誓词内容

根据《全国人民代表大会常务委员会关于实行宪法宣誓制度的决定》的规定，宪法宣誓誓词为："我宣誓：忠于中华人民共和国宪法，维护宪法权威，履行法定职责，忠于祖国、忠于人民，恪尽职守、廉洁奉公，接受人民监督，为建设富强、民主、文明、和谐的社会主义国家努力奋斗！"

4. 宪法宣誓形式

根据决定的规定，宪法宣誓仪式根据情况，可以采取单独宣誓或者集体宣誓的形式。单独宣誓时，宣誓人应当左手抚按《中华人民共和国宪法》，右手举拳，诵读誓词。集体宣誓时，由一人领誓，领誓人左手抚按《中华人民共和国宪法》，右手举拳，领诵誓词；其他宣誓人整齐排列，右手举拳，跟诵誓词。宣誓场所应当庄重、严肃，悬挂中华人民共和国国旗或者国徽。负责组织宣誓仪式的机关，可以根据决定并结合实际情况，对宣誓的具体事项作出规定。

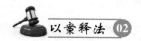

## 一切违反宪法和法律的行为都必须予以追究

2014年8月12日凌晨，公安分局民警在处理一起纠纷案件时，发现县人大代表张某涉嫌酒后驾车。随后，前来处理的松江交警支队民警对其进行酒精呼气测试，结果为136mg/100mL。另经司法鉴定中心检验和鉴定，张某的血液中乙醇浓度为1.25mg/mL，达到了醉酒状态。经过侦查，警方认定张某涉嫌危险驾驶罪，根据刑事诉讼法第一百零七条的规定，公安分局决定对张某采取刑事强制措施。由于张某有县人大代表的身份，8月14日，公安分局向该县人大常委会发去"关于提请批准对涉嫌危险驾驶罪的县人大代表张某采取刑事拘留强制措施的函"。10月24日，县十六届人大常委会二十五次会议听取和审议了关于提请许可对县第十六届人大代表张某采取刑事拘留强制措施并暂停其执行代表职务的议案，并依法进行表决。常委会组成人员21名，实到会17名，表决结果：赞成8票，反对1票，弃权8票。因票数未过常委会组成人员的半数，该议案未获通过。11月27日，警方再次提请许可的申请，该县人大常委会会议审议通过了再次提请议案，许可公安分局对张某采取刑事拘留强制措施，并从当日起暂时停止其执行代表职务。

 释解

宪法第五条第四款规定："一切国家机关和武装力量、各政党和各社会团体、各企业事业组织都必须遵守宪法和法律。一切违反宪法和法律的行为，必须予以追究。"在我国，任何组织或者个人都不得有超越宪法和法律的特权。从人大代表履职需要出发，我国相关法律赋予人大代表以特别的人身保障权，但法律保护的是人大代表的合法权益而不是违法行为。人大代表身份不能成为违法犯罪行为的"护身符"，本案的侦办体现了"一切违反宪法和法律的行为，必须予以追究"的宪法规定在司法实践中得到严格执行。

# 第三节　建设中国特色社会主义法治体系

十八届四中全会提出："全面推进依法治国，总目标是建设中国特色社会主义法治体系，建设社会主义法治国家。"这是我们党的历史上第一次提出建设中国特色社会主义法治体系的新目标。从"法律体系"到"法治体系"是一个质的飞跃，是一个从静态到动态的过程，是一个从平面到立体的过程。

## 一、中国特色社会主义法治体系的主要内容

中国特色社会主义法治体系包括完备的法律规范体系、高效的法治实施体系、严密的法治监督体系、有力的法治保障体系、完备的党内法规体系五个子系统。

### （一）完备的法律规范体系

建设中国特色社会主义法治体系，全面推进依法治国，需要充分的规范供给为全社会依法办事提供基本遵循。一方面，要加快完善法律、行政法规、地方性法规体系；另一方面，也要完善包括市民公约、乡规民约、行业规章、团体章程在内的社会规范体系。恪守原有单一的法律渊源已无法满足法治实践的需求，有必要适当扩大法律渊源，甚至可以有限制地将司法判例、交易习惯、法律原则、国际惯例作为裁判根据，以弥补法律供给的不足，同时还应当建立对法律扩大或限缩解释的规则，通过法律适用过程填补法律的积极或消极的漏洞。为了保证法律规范的质量和提升立法科学化的

水平，应当进一步改善立法机关组成人员的结构，提高立法程序正当化水平，构建立法成本效益评估前置制度，建立辩论机制，优化协商制度，提升立法技术，规范立法形式，确定法律规范的实质与形式标准，设立法律规范的事前或事后的审查过滤机制，构建实施效果评估机制，完善法律修改、废止和解释制度，等等。尤其要着力提高立法过程的实质民主化水平，要畅通民意表达机制以及民意与立法的对接机制，设定立法机关组成人员联系选民的义务，规范立法机关成员与"院外"利益集团的关系，完善立法听取意见（包括听证等多种形式）、整合吸纳意见等制度，建立权力机关内部的制约协调机制，建立立法成员和立法机关接受选民和公众监督的制度，等等。

### （二）高效的法治实施体系

法治实施是一个系统工程。首先，要认真研究如何使法律规范本身具有可实施性，不具有实施可能性的法律规范无疑会加大实施成本，甚至即使执法司法人员费尽心机也难以实现。因此，要特别注意法律规范的可操作性、实施资源的配套性、法律规范本身的可接受性以及法律规范自我实现的动力与能力。其次，要研究法律实施所必需的体制以及法律设施，国家必须为法律实施提供强有力的体制、设施与物质保障。再次，要认真研究法律实施所需要的执法和司法人员的素质与能力，要为法律实施所需要的素质和能力的培训与养成提供必要的条件和机制。然后，要研究法律实施的环境因素，并为法律实施创造必要的执法和司法环境。最后，要研究如何克服法律实施的阻碍和阻力，有针对性地进行程序设计、制度预防和机制阻隔，针对我国现阶段的国情，有必要把排除"人情""关系""金钱""权力"对法律实施的干扰作为重点整治内容。

### （三）严密的法治监督体系

对公共权力的监督和制约，是任何法治形态的基本要义；公共权力具有二重性，唯有法律能使其扬长避短和趋利避害；破坏法治的最大危险在一般情况下都来自公共权力；只有约束好公共权力，国民的权利和自由才可能安全实现。有效监督和制约公共权力，要在以下几个方面狠下功夫：科学配置权力，使决策权、执行权、监督权相互制约又相互协调；规范权力的运行，为权力的运行设定明确的范围、条件、程序和界限；防止权力的滥用，为权力的行使设定正当目的及合理基准与要求；严格对权力的监督，有效规范党内、人大、民主、行政、司法、审计、社会、舆论诸项监督，并充分发挥各种监督的独特作用，使违法或不正当行使权力的行为得以及时有效纠正；健全权益恢复机制，使受公共权力侵害的私益得到及时赔偿或补偿。

### （四）有力的法治保障体系

依法治国是一项十分庞大和复杂的综合性系统工程。要在较短时间内实现十八届四中全会提出的全面推进依法治国的战略目标，任务艰巨而繁重，如果缺少配套的保证体系作为支撑，恐难以持久。普遍建立法律顾问制度。完善规范性文件、重大决策合法性审查机制。建立科学的法治建设指标体系和考核标准。健全法规、规章、规范性文件备案审查制度。健全社会普法教育机制，增强全民法治观念。逐步增加有地方立法权的较大的市数量。深化行政执法体制改革。完善行政执法程序，规范执法自由裁量权，加强对行政执法的监督，全面落实行政执法责任制和执法经费由财政保障制度，做到严格规范公正文明执法。完善行政执法与刑事司法衔接机制。确保依法独立公正行使审判权、检察权。改革司法管理体制，推动省以下地方人民法院、人民检察院人财物统一管理，探索建立与行政区划适当分离的司法管辖制度，保证国家法律统一正确实施。建立符合职业特点的司法人员管理制度，健全法官、检察官、人民警察统一招录、有序交流、逐级遴选机制，完善司法人员分类管理制度，健全法官、检察官、人民警察职业保障制度。健全司法权力运行机制。优化司法职权配置，健全司法权力分工负责、互相配合、互相制约机制，加强和规范对司法活动的法律监督和社会监督。健全国家司法救助制度，完善法律援助制度。完善律师执业权利保障机制和违法违规执业惩戒制度，加强职业道德建设，发挥律师在依法维护公民和法人合法权益方面的重要作用。

（五）完善的党内法规体系

党内法规既是管党治党的重要依据，也是中国特色社会主义法治体系的重要组成部分。由于缺少整体规划，缺乏顶层设计，党内法规存在"碎片化"现象。要在对现有党内法规进行全面清理的基础上，抓紧制定和修订一批重要党内法规，加大党内法规备案审查和解释力度，完善党内法规制定体制机制，形成配套完备的党内法规制度体系，使党内生活更加规范化、程序化，使党内民主制度体系更加完善，使权力运行受到更加有效的制约和监督，使党执政的制度基础更加巩固，为到建党100周年时全面建成内容科学、程序严密、配套完备、运行有效的党内法规制度体系打下坚实基础。

二、以高度自信建设中国特色社会主义法治体系

（一）依法治国、依法执政、依法行政共同推进

依法治国是党领导人民治国理政的基本方式，要依照宪法和法律规定，通过各种途径和形式实现人民群众在党的领导下管理国家事务，管理经济文化事业，管理社会事务，保证国家各项工作都依法进行，逐步实现社会主义民主的制度化、法律化。依法执政是依法治国的关键，要坚持党领导人民制定法律、实施法律并在宪法法律范围内活动的原则，健全党领导依法治国的制度和工作机制，促进党的政策和国家法律互联互动。依法行政是依法治国的重点，要创新执法体制，完善执法程序，推进综合执法，严格执法责任，建立权责统一、权威高效的依法行政体制，加快建

设职能科学、权责法定、执法严明、公开公正、廉洁高效、守法诚信的法治政府，切实做到合法行政、合理行政、高效便民、权责统一、政务公开。

## （二）法治国家、法治政府、法治社会一体建设

法治国家、法治政府和法治社会是全面推进依法治国的"一体双翼"。法治国家是长远目标和根本目标，建设法治国家的核心要求是实现国家生活的全面法治化；法治政府是重点任务和攻坚内容，建设法治政府的核心要求是规范和制约公共权力；法治社会是组成部分和薄弱环节，建设法治社会的核心是推进多层次多领域依法治理，实现全体国民自己守法、护法。法治国家、法治政府、法治社会一体建设，要求三者相互补充、相互促进、相辅相成。

我们要依法执政。

## （三）科学立法、严格执法、公正司法、全民守法相辅相成

十八大以来，党中央审时度势，提出了"科学立法、严格执法、公正司法、全民守法"的十六字方针，确立了新时期法治中国建设的基本内容。科学立法要求完善立法规划，突出立法重点，坚持立改废释并举，提高立法科学化、民主化水平，提高法律的针对性、及时性、系统性、有效性，完善立法工作机制和程序，扩大公众有序参与，充分听取各方面意见，使法律准确反映经济社会发展要求，更好协调利益关系，发挥立法的引领和推动作用。严格执法，要求加强宪法和法律实施，维护社会主义法制的统一、尊严、权威，形成人们不愿违法、不能违法、不敢违法的法治环境，做到有法必依、执法必严、违法必究。公正司法，要求努力让人民群众在每一个司法案件中都感受到公平正义，所有司法机关都紧紧围绕这个目标来改进工作，重点解决影响司法公正和制约司法能力的深层次问题。全民守法，要求任何组织或者个人都必须在宪法和法律范围内活动，任何公民、社会组织和国家机关都要以宪法和法律为行为准则，依照宪法和法律行使权利或权力、履行义务或职责。

## （四）与推进国家治理体系和治理能力现代化同脉共振

全面推进依法治国既是实现国家治理现代化目标的基本要求，又是推进国家治理现代化的重要组成部分。法律的强制性、普遍性、稳定性、公开性、协调性等价值属性满足了国家治理对权威性和有效性的要求。法治在治理现代化过程中具有极为重要的意义。民主、科学、文明、法治是国家治理现代化的基本要求，民主、科学、文明都离不开法治的保障。治理现代化需要通过法治手段进一步具体地对应到治理体系的各个领域和每个方面，需要进一步量化为具体的指标体系，包括国权配

置定型化、公权行使制度化、权益保护实效化、治理行为规范化、社会关系规则化、治理方式文明化六个方面。在实现治理法治化的过程中，治理主体需要高度重视法治本身的现代化问题，高度重视法律规范的可实施性，高度重视全社会法治信仰的塑造，高度重视治理事务对法治的坚守，高度重视司法公信力的培养。

## 第四节　加强党内法规制度建设

### 一、党内法规的概念

党内法规又称"党规党法""党的法规"，2013年5月中共中央颁布的《中国共产党党内法规制定条例》明确规定，党内法规是党的中央组织以及中央纪委、中央各部门和省区市党委制定的规范党组织的工作、活动和党员行为的党内规章制度的总称。归结起来，党内法规有三个基本特征：

一是特定性。党内法规不是党的所有组织都有权制定，只能由特定机关，即党的中央组织以及中央纪委、中央各部门和省、自治区、直辖市党委制定，党的省级以下组织无权制定。党的中央组织制定的党内法规，称为中央党内法规。按照党章规定，党的中央组织是指党的全国代表大会、全国代表会议、中央委员会、中央政治局及其常委会、中央军委。实践中，中央政治局、中央政治局常委会制定的中央党内法规较多。中央

（《中国共产党党内法规制定条例》）

纪委制定的党内法规称为纪检条规，是维护党风党纪、开展反腐败工作的重要依据。中央各部门制定的党内法规，称为部门党内法规。中央各部门主要包括中央办公厅、中央组织部、中央宣传部、中央统战部、中央对外联络部、中央政法委、中央政研室、中央编办等，其中中央办公厅、中央组织部制定的部门党内法规较多。省区市党委制定的党内法规，称为地方党内法规。

二是普遍性。所谓普遍性，是指党内法规在党内具有普遍适用性和反复适用性。这意味着，党内人事任免、表彰决定、内部机构设置、机关内部工作制度和工作方案等个别适用的文件，工作要点、会议活动通知等较短时间段适用的文件，因不具有普遍适用性和反复适用性，不能称作党内法规。

三是规范性。所谓规范性，是指党内法规以党的纪律作保障，对党组织的工作、活动和党员行为具有强制性和约束力，引领、规范、保障党的建设。请示、报告、

情况通报、工作总结等不具有规范性，不属于党内法规。

**二、党内法规体系的构成**

新中国成立以来特别是改革开放以来，适应不同历史时期党的建设需要，中央科学谋划、统筹布局，制定颁布了一系列党内法规，初步形成了以党章为核心的党内法规体系，党内生活主要方面基本实现了有规可依。截至目前，我们党制定了1个党章，2个准则，26个条例，约1800个规则、规定、办法、细则；其中，党的中央组织制定的党内法规140多个，中央纪委和中央各部门制定的党内法规约150个，地方制定的党内法规1500多个。

根据党内法规的调整对象，党内法规体系可分为八个部分。

1. 党章及相关法规。用以规范党的性质和宗旨、路线和纲领、指导思想和奋斗目标、组织原则和组织机构、党员基本义务和基本权利、党的纪律，以及衍生于党章、与党章相配套、直接保障党章实施，确定党的理论和路线方针政策、确立党内生活基本准则、规定党员基本行为规范、规范党内法规制定活动、规定党的标志象征等的法规，比如《中国共产党章程》《关于新形势下党内政治生活的若干准则》《中国共产党党内法规制定条例》等。

2. 党的领导和党的工作方面法规。用以调整党在发挥总揽全局、协调各方的领导核心作用时，与人大、政府、政协、司法机关、人民团体、企业事业单位、军队等形成的领导与被领导关系，主要规定党的领导体制机制、领导方式，规范党组工作、纪律检查工作、组织工作、宣传工作、政法工作、统一战线工作、军队工作、群众工作等，为党更好地实施领导、执政治国提供重要制度保证，比如《中国共产党党组工作条例（试行）》《中国共产党统一战线工作条例（试行）》等。

3. 思想建设方面法规。用以规范党的思想建设方面的工作和活动，主要包括规范思想建设、理论武装、党性教育、道德建设等的法规，比如《中国共产党党校工作条例》《中共中央纪律检查委员会关于共产党员违反社会主义道德党纪处分的若干规定（试行）》等。

4. 组织建设方面法规。用以规范党的组织建设方面的工作和活动，主要包括规范党的组织制度、组织机构、干部队伍、党员队伍、人才工作等的法规，比如《中国共产党地方组织选举工作条例》《中国共产党基层组织选举工作暂行条例》《党政领导干部选拔任用工作条例》《干部教育培训工作条例》等。

5. 作风建设方面法规。用以规范党的作风建设方面的工作和活动，主要包括规范思想作风、工作作风、领导作风、学风、干部生活作风等的法规，比如《十八届中央政治局关于改进工作作风、密切联系群众的八项规定》《党政机关厉行节约反对浪费条例》等。

6. 反腐倡廉建设方面法规。用以规范党的反腐倡廉建设方面的工作和活动，主要包括规范反腐败领导体制机制、反腐倡廉教育、党内监督、预防腐败、惩治腐败等的法规，比如《中国共产党廉洁自律准则》《中国共产党纪律处分条例》《中国共产党党内监督条例（试行）》《中国共产党巡视工作条例》等。

7.民主集中制建设方面法规。用以规范党的民主集中制建设方面的工作和活动，推动民主集中制具体化、程序化，主要包括规范党员民主权利保障、党的代表大会制度、党的委员会制度、党的纪律等的法规，比如《中国共产党党员权利保障条例》《中国共产党全国代表大会和地方各级代表大会代表任期制暂行条例》《中国共产党地方委员会工作条例》等。

8.机关工作方面法规。用以规范党的机关运行和服务保障体制机制，主要包括规范党的各级机关公文办理、会议活动服务、综合协调、信息报送、督促检查、法规服务、安全保密、通信保障、档案服务、机关事务管理等的法规，比如《党政机关公文处理工作条例》《中国共产党党内法规和规范性文件备案规定》等。

## 中央改进工作作风、密切联系群众的八项规定

2012年12月4日，习近平总书记主持召开中央政治局会议，审议通过了《中共中央政治局关于改进工作作风、密切联系群众的八项规定》。规定要求：

一要改进调查研究，到基层调研要深入了解真实情况，总结经验、研究问题、解决困难、指导工作，向群众学习、向实践学习，多同群众座谈，多同干部谈心，多商量讨论，多解剖典型，多到困难和矛盾集中、群众意见多的地方去，切忌走过场、搞形式主义；要轻车简从、减少陪同、简化接待，不张贴悬挂标语横幅，不安排群众迎送，不铺设迎宾地毯，不摆放花草，不安排宴请。

二要精简会议活动，切实改进会风，严格控制以中央名义召开的各类全国性会议和举行的重大活动，不开泛泛部署工作和提要求的会，未经中央批准一律不出席各类剪彩、奠基活动和庆祝会、纪念会、表彰会、博览会、研讨会及各类论坛；提高会议实效，开短会、讲短话，力戒空话、套话。

三要精简文件简报，切实改进文风，没有实质内容、可发可不发的文件、简报一律不发。

四要规范出访活动，从外交工作大局需要出发合理安排出访活动，严格控制出访随行人员，严格按照规定乘坐交通工具，一般不安排中资机构、华侨华人、留学生代表等到机场迎送。

五要改进警卫工作，坚持有利于联系群众的原则，减少交通管制，一般情况下不得封路、不清场闭馆。

六要改进新闻报道，中央政治局同志出席会议和活动应根据工作需要、新闻价值、社会效果决定是否报道，进一步压缩报道的数量、字数、时长。

七要严格文稿发表，除中央统一安排外，个人不公开出版著作、讲话单行本，不发贺信、贺电，不题词、题字。

八要厉行勤俭节约，严格遵守廉洁从政有关规定，严格执行住房、车辆配备等有关工作和生活待遇的规定。

# 第二章

# 行政法律制度

　　依法行政是依法治国基本方略的重要组成部分，对建设法治中国具有重大意义。依法行政，是政府行政权运行的基本原则，它要求行政机关行使行政权力必须要有法律授权，强调有权有责，用权受监督，损害须赔偿，违法须纠正。

　　行政法主要包括三方面的内容：一是行政组织法，即关于行政权的授予和组织行政机关的法律，由行政组织法、行政编制法和公务员法等法律组成；二是行政行为法，即关于行政权行使的法律，由调整行政许可、行政处罚、行政强制、行政征收、行政裁决等法律组成；三是行政监督法，即对行政机关的组织、行政权的行使进行监督的法律，由行政监察法、审计法、行政复议法、行政诉讼法、行政赔偿法等组成。

## 第一节　依法行政概述

　　依法行政是我们党为适应全面建设小康社会新形势、推进依法治国进程而提出的一项战略任务。国务院《全面推进依法行政实施纲要》对依法行政提出了六项基本要求：合法行政、合理行政、程序正当、高效便民、诚实守信、权责统一。

　　（一）合法行政

　　合法行政强调的是行政主体在行使行政权力时必须依据法律、符合法律，不得与法律相抵触。凡没有法律、法规、规章的规定，行政机关不得作出影响公民、法人和其他组织合法权益或者增加公民、法人和其他组织义务的决定。

　　（二）合理行政

　　合理行政要求行政机关实施行政管理，应当遵循公平、公正的原则，要平等对待行政管理相对人，不偏私，不歧视。合理行政主要适用于自由裁量权领域。合理行政的基本要求包括：行政的目的、动机合理，行政的内容和范围合理，行政的手段和措施合理。

### （三）程序正当

行政机关实施行政管理，除法定保密的外，应当公开，注意听取公民、法人和其他组织的意见；要严格遵守法定程序，依法保护行政相对人、利害关系人的知情权、参与权和救济权；行政人员履行职责，与行政相对人存在利害关系时，应当回避。

### （四）高效便民

行政机关实施行政管理，应当遵守法定时限，积极履行法定职责，提高办事效率，提供优质服务，方便公民、法人和其他组织。高效便民的具体要求有：首先，行政机关从事行政管理应从方便老百姓办事出发，把为公众提供优质服务作为行政管理的根本宗旨，而不应把行政管理看作是限制老百姓的工具和手段；其次，行政机关实施行政管理应采取积极主动的态度，尤其是对法定职责范围内的行政事务应及时履行；再次，行政机关应遵守法定时限，提高办事效率，对办理的事项不能久拖不决。

2014年11月，党的十八届四中全会就深入推进依法行政，加快建设法治政府作出总体部署，要求各级政府必须坚持在党的领导下、在法治轨道上开展工作，加快建设职能科学、权责法定、执法严明、公开公正、廉洁高效、守法诚信的法治政府。

# 第二节　行政组织法

行政组织法是规范行政机关的职能、组织、编制的法律制度。我国宪法明确规定，中华人民共和国的一切权力属于人民。人民行使国家权力的机关是全国人大和地方各级人大。国家的行政机关是权力机关的执行机关。因此从根本上讲，行政机关行使的行政权力是权力机关通过法律授予的。正因为如此，行政机关必须遵循职权法定原则，不能法外行权。行政组织法就是规范有关行政组织的性质、地位、职权、职能等方面的法律总称。

行政组织是行政权力的载体，行政组织法通过对行政机关的机构设置、编制与职数、活动方式，以及行政机关的设立、变更和撤销程序等规定，对行政权力行使进行制约，以避免主观随意性。在这方面，我国的国务院组织法和地方组织法，对规范国务院和地方政府的机构设置与职权行使，起到了重要作用。

### 一、国务院组织法

1982年制定的国务院组织法，是根据宪法中有关国务院的规定内容，对国务院的组成、组织原则、职权行使、会议制度、部委设置等均作出了明确规定。

根据国务院组织法的规定，国务院由总理、副总理、国务委员、各部部长、各委员会主任、审计长、秘书长组成；国务院实行总理负责制，总理领导国务院的工作，副总理、国务委员协助总理工作；国务院行使宪法第八十九条规定的职权；国务院会议分为国务院全体会议和国务院常务会议。国务院全体会议由国务院全体成员组成。国务院常务会议由总理、副总理、国务委员、秘书长组成。国务院工作中的重大问题，必须经国务院常务会议或者国务院全体会议讨论决定；国务院秘书长在总理领导下，负责处理国务院的日常工作；国务院各部、各委员会的设立、撤销或者合并，经总理提出，由全国人大决定；在全国人大闭会期间，由全国人大常委会决定；国务院各部、各委员会实行部长、主任负责制。各部部长、各委员会主任领导本部门的工作，召集和主持部务会议或者委员会会议、委务会议，签署上报国务院的重要请示、报告和下达的命令、指示。各部、各委员会工作中的方针、政策、计划和重大行政措施，应向国务院请示报告，由国务院决定。根据法律和国务院的决定，主管部、委员会可以在本部门的权限内发布命令、指示和规章。

## 二、地方组织法

《地方各级人民代表大会和地方各级人民政府组织法》于1979年通过，并于2015年作了最新修正。它具体规定了地方各级人民政府的性质、组成、任期、职权、组织原则、会议制度、机构设置等，为规范和制约地方各级政府的行政权力的行使提供了基本的法律依据。

根据地方组织法的规定，地方各级人民政府是地方各级人大的执行机关，是地方各级国家行政机关，对本级人大和上一级国家行政机关负责并报告工作。地方各级人民政府都是国务院统一领导下的国家行政机关，都服从国务院。省、自治区、直辖市、自治州、设区的市的人民政府分别由省长、副省长，自治区主席、副主席，市长、副市长，州长、副州长和秘书长、厅长、局长、委员会主任等组成。县、自治县、不设区的市、市辖区的人民政府分别由县长、副县长，市长、副市长，区长、副区长和局长、科长等组成。乡、民族乡的人民政府设乡长、副乡长。民族乡的乡长由建立民族乡的少数民族公民担任。镇人民政府设镇长、副镇长。地方各级人民政府每届任期五年。

此外，这部法律还具体规定了地方各级人民政府的职权、组织原则、会议制度、内设机构、管理体制等。

尽管我国法律对行政部门的设置、行政权力的行使有着相应的法律规范和制约，但多年来的实践同时也证明，行政机关职权不清、相互交叉冲突，政府职能转变不能适应市场经济的需要，机构臃肿，人浮于事等问题始终存在并难以解决。由于已有的行政组织法还不能完全起到应有的规范和制约作用，以致有时还不得不辅之以相应的机构改革。正因为如此，1997年党的十五大明确提出，深化行政体制改革，实现国家机构组织、职能、编制、工作程序的法定化。2013年党的十八届三中全会进一步明确提出，转变政府职能必须深化机构改革。优化政府机构设置、职能配置、工作流程，完善决策权、执行权、监督权既相互制约又相互协调的行政运行机制。为此，切实按照党中央的要求，进一步完善行政组织法成为当前完善行政法律制度面临的一项重要任务。

### 三、公务员法

这部法律制定于2005年，具体规定了公务员的入职条件、权利义务、职务级别，录用考核、职务任免、职务升降、奖励惩戒与培训、交流与回避、工资福利保险、辞职辞退与退休、申诉控告、职位聘任及法律责任。这部法律的制定和实施，为规范公职人员的组织管理和职务履行提供了基本的法律遵循。

根据该法的规定，公务员职务分为领导职务和非领导职务。领导职务层次分为：国家级正职、国家级副职、省部级正职、省部级副职、厅局级正职、厅局级副职、县处级正职、县处级副职、乡科级正职、乡科级副职。非领导职务层次在厅局级以下设置。综合管理类的非领导职务分为：巡视员、副巡视员、调研员、副调研员、主任科员、副主任科员、科员、办事员。各机关依

照确定的职能、规格、编制限额、职数以及结构比例，设置本机关公务员的具体职位，并确定各职位的工作职责和任职资格条件以及考核、奖惩、专门纪律要求、回避、辞职、辞退、退休、申诉控告等内容。

# 第三节　行政行为法

行政行为一般是指行政机关依法行使权力，管理公共事务，直接或间接产生法律后果的行为。各行政机关共同性的行政行为，可分为行政立法行为和行政执法行为。其中，行政立法行为主要是指国务院制定行政法规、国务院各部委制定部委规章，各省、自治区、直辖市政府、省会市和经国务院批准的较大市政府和设区的市制定地方规章的行为。行政执法行为，又称具体行政行为，是指行政机关行使行政权力，对特定的公民、法人和其他组织作出的有关其权利义务的单方行为。具体行政行为的表现形式包括：行政命令、行政征收、行政许可、行政确认、行政监督检查、

行政处罚、行政强制、行政给付、行政奖励、行政裁决、行政赔偿等。随着推进依法治国、建设法治政府的需要，我国陆续出台了一系列行政行为法，适用频率高的有行政许可法、行政处罚法和行政强制法。

## 一、行政许可法

行政许可是指行政机关根据公民、法人或者其他组织的申请，经依法审查，准予其从事特定活动的行为。2003年颁布的行政许可法，对行政许可的实施机关、行政许可的实施程序、申请与受理、审查与决定、期限、听证、变更与延续，以及行政许可的费用和监督检查等作出了具体规定。实践证明，这部法律的颁布实施，对规范行政许可的设定和实施，保护公民、法人和其他组织的合法权益，维护公共利益和社会秩序，保障和监督行政机关有效实施行政管理，提供了重要的法律保障。这部法律具体规定的内容主要包括：

### （一）行政许可的设定范围

设定行政许可的应当属于直接涉及国家安全、公共安全、经济宏观调控、生态环境保护以及直接关系人身健康、生命财产安全等特定活动，需要按照法定条件予以批准的事项；有限自然资源开发利用、公共资源配置以及直接关系公共利益的特定行业的市场准入等，需要赋予特定权利的事项；提供公众服务并且直接关系公共利益的职业、行业，需要确定具备特殊信誉、特殊条件或者特殊技能等资格、资质的事项；直接关系公共安全、人身健康、生命财产安全的重要设备、设施、产品、物品，需要按照技术标准、技术规范，通过检验、检测、检疫等方式进行审定的事项；企业或者其他组织的设立等，需要确定主体资格的事项；法律、行政法规规定可以设定行政许可的其他事项。但上述事项如果属于公民、法人或者其他组织能够自主决定的；市场竞争机制能够有效调节的；行业组织或者中介机构能够自律管理的；行政机关采用事后监督等其他行政管理方式能够解决的，便可以不设行政许可。该法同时还明确规定，法规、规章对实施上位法设定的行政许可作出的具体规定，不得增设行政许可；对行政许可条件作出的具体规定，不得增设违反上位法的其他条件。

### （二）行政许可的实施机关

行政许可的实施机关主要包括有权行政机关、具有管理公共事务职能的组织和受委托的其他行政机关。该法明确规定，行政许可由具有行政许可权的行政机关在其法定职权范围内实施。法律、法规授权的具有管理公共事务职能的组织，在法定授权范围内，以自己的名义实施行政许可。被授权的组织适用行政许可法有关行政机关的规定。行政机关在其法定职权范围内，依照法律、法规、规章的规定，可以委托其他行政机关实施行政许可。委托机关应当将受委托行政机关和受委托实施行政许可的内容予以公告。委托行政机关对受委托行政机关实施行政许可的行为应当负责监督，并对该行为的后果承担法律责任。

### （三）行政许可的实施程序

公民、法人或者其他组织从事特定活动，依法需要取得行政许可的，应当向行政机关提出申请。申请人申请行政许可，应当如实向行政机关提交有关材料和反映真实情况，并对其申请材料实质内容的真实性负责。申请人提交的申请材料齐全、符合法定形式，行政机关能够当场作出决定的，应当当场作出书面的行政许可决定。根据法定条件和程序，需要对申请材料的实质内容进行核实的，行政机关应当指派两名以上工作人员进行核查。

### （四）行政许可的期限

除可以当场作出行政许可决定的外，行政机关应当自受理行政许可申请之日起二十日内作出行政许可决定。二十日内不能作出决定的，经本行政机关负责人批准，可以延长十日，并应当将延长期限的理由告知申请人。

### （五）法律责任

行政机关违法实施行政许可，给当事人的合法权益造成损害的，应当依照国家赔偿法的规定给予赔偿。被许可人存在涂改、倒卖、出租、出借行政许可证件，或者以其他形式非法转让行政许可的；超越行政许可范围进行活动的；向负责监督检查的行政机关隐瞒有关情况、提供虚假材料或者拒绝提供反映其活动情况的真实材料的；法律、法规、规章规定的其他违法行为的，行政机关应当依法给予行政处罚。构成犯罪的，依法追究刑事责任。

## 二、行政处罚法

行政处罚是行政机关对违反行政管理秩序的公民、法人和其他组织依法予以制裁的法律制度。我国1996年颁布施行的行政处罚法对行政处罚的种类和设定、实施机关、管辖和适用，以及行政处罚的程序、执行及法律责任进行了明确规定，为规范行政处罚的设定和实施，保障和监督行政机关有效实施行政管理，维护公共利益和社会秩序，保护公民、法人或者其他组织合法权益提供了基本的法律依据。这部法律具体规定的内容主要包括：

### （一）行政处罚的种类

我国的行政处罚包括：警告；罚款；没收违法所得、没收非法财物；责令停产停业；暂扣或者吊销许可证、暂扣或者吊销执照；行政拘留；法律、行政法规规定的其他行政处罚等。

### （二）行政处罚的实施机关

行政处罚由具有行政处罚权的行政机关在法定职权范围内实施。国务院或者经国务院授权的省、自治区、直辖市人民政府可以决定一个行政机关行使有关行政机关的行政处罚权，但限制人身自由的行政处罚权只能由公安机关行使。

## （三）行政处罚的管辖

行政处罚由违法行为发生地的县级以上地方人民政府具有行政处罚权的行政机关管辖；对管辖发生争议的，报请共同的上一级行政机关指定管辖；违法行为构成犯罪的，行政机关必须将案件移送司法机关，依法追究刑事责任。

## （四）行政处罚的适用

行政机关实施行政处罚时，应当责令当事人改正或者限期改正违法行为。对当事人的同一个违法行为，不得给予两次以上罚款的行政处罚；不满十四周岁的人有违法行为的，不予行政处罚，责令监护人加以管教；已满十四周岁不满十八周岁的人有违法行为的，从轻或者减轻行政处罚；精神病人在不能辨认或者不能控制自己行为时有违法行为的，不予行政处罚，但应当责令其监护人严加看管和治疗。间歇性精神病人在精神正常时有违法行为的，应当给予行政处罚。违法行为在两年内未被发现的，不再给予行政处罚。法律另有规定的除外。

## （五）行政处罚程序

行政处罚程序包括简易程序、一般程序。

1. 简易程序

适用于违法事实确凿并有法定依据，对公民处以五十元以下、对法人或者其他组织处以一千元以下罚款或者警告的行政处罚的，可以当场作出行政处罚决定。

2. 一般程序

适用于行政机关发现公民、法人或者其他组织有依法应当给予行政处罚的行为，需要全面、客观、公正调查，收集有关证据或需要依法进行检查的案件。行政机关依法给予行政处罚的，应当制作行政处罚决定书。行政处罚决定书应当载明的事项包括：当事人的姓名或者名称、地址；违反法律、法规或者规章的事实和证据；行政处罚的种类和依据；行政处罚的履行方式和期限；不服行政处罚决定，申请行政复议或者提起行政诉讼的途径和期限；作出行政处罚决定的行政机关名称和作出决定的日期。行政处罚决定书应当在宣告后当场交付当事人；当事人不在场的，行政机关应当在七日内依照民事诉讼法的有关规定，将行政处罚决定书送达当事人。

此外，该法还具体规定了行政处罚前的听证程序、行政处罚的执行及法律责任。

## 三、行政强制法

我国法定的行政强制包括行政强制措施和行政强制执行。行政强制措施，是指行政机关在行政管理过程中，为制止违法行为、防止证据损毁、避免危害发生、控制危险扩大等情形，依法对公民的人身自由实施暂时性限制，或者

现要扣押你的财产。

对公民、法人或者其他组织的财物实施暂时性控制的行为。行政强制执行，是指行政机关或者行政机关申请人民法院，对不履行行政决定的公民、法人或者其他组织，依法强制履行义务的行为。2011年颁布实施的行政强制法，规定了行政强制的种类和设定、行政强制措施实施程序、行政机关强制执行程序、申请人民法院强制执行及法律责任，为规范行政强制的设定和实施，保障和监督行政机关依法履行职责，维护公共利益和社会秩序，保护公民、法人和其他组织的合法权益提供了基本的法律依据。这部法律具体规定的内容主要包括：

## （一）行政强制的种类和方式

根据该法规定，行政强制措施由法律设定，种类包括限制公民人身自由；查封场所、设施或者财物；扣押财物；冻结存款、汇款；其他行政强制措施等5类。行政强制执行由法律设定，方式包括加处罚款或者滞纳金；划拨存款、汇款；拍卖或者依法处理查封、扣押的场所、设施或者财物；排除妨碍、恢复原状；代履行；其他强制执行方式等。

## （二）行政强制措施实施程序

### 1.一般规定

行政机关实施行政强制措施的，实施前须向行政机关负责人报告并经批准；由两名以上行政执法人员实施；出示执法身份证件；通知当事人到场；当场告知当事人采取行政强制措施的理由、依据以及当事人依法享有的权利、救济途径；听取当事人的陈述和申辩；制作现场笔录；现场笔录由当事人和行政执法人员签名或者盖章，当事人拒绝的，在笔录中予以注明；当事人不到场的，邀请见证人到场，由见证人和行政执法人员在现场笔录上签名或者盖章；法律、法规规定的其他程序。情况紧急，需要当场实施行政强制措施的，行政执法人员应当在二十四小时内向行政机关负责人报告，并补办批准手续。

### 2.查封、扣押

查封、扣押应当由法律、法规规定的行政机关实施，其他任何行政机关或者组织不得实施。行政机关决定实施查封、扣押的，应当依法制作并当场交付查封、扣押决定书和清单。查封、扣押决定书应当载明当事人的姓名或者名称、地址；查封、扣押的理由、依据和期限；查封、扣押场所、设施或者财物的名称、数量等；申请行政复议或者提起行政诉讼的途径和期限；行政机关的名称、印章和日期。查封、扣押清单一式二份，由当事人和行政机关分别保存。

### 3.冻结

冻结存款、汇款应当由法律规定的行政机关实施，不得委托给其他行政机关或者组织；其他任何行政机关或者组织不得冻结存款、汇款。行政机关依照法律规定决定实施冻结存款、汇款的，应当依法履行程序，并向金融机构交付冻结通知书。

此外，该法还具体规定了行政机关强制执行的具体程序及法律责任。

## 违法行政决定被撤销

2012年3月，王某收到了国务院行政复议裁决书。裁决书撤销了某省认定他家所在区域征地合法决定的裁决。王某两年法律维权路，终于看到一线曙光。2010年底，因老家的房屋在未签署拆迁协议的情况下于凌晨被拆。老屋被强拆当日，王某写了一封给家乡市长的公开信。公开信在网上迅速流传，引起了官方重视。当地政府有关领导特地赶赴王某所在的大学和他沟通，承诺"依法依规，妥善处置此事"。公开信事件后，王某家乡的区长答复王某，称"某村村委会答复意见与你本人所提要求差距较大，可能你不能完全接受""我们支持你通过法律渠道依法解决"。2011年7月15日，王某母亲诉某市住房和城乡建设局不履行查处违法拆迁一案在该市某区法院开庭审理。法院认定"非法拆迁"事实不存在，驳回诉讼请求。王某随即上诉，被市中级人民法院驳回。在寻求诉讼解决的同时，王某也向省政府行政复议办公室提起行政复议，要求省政府确认关于该城区城市建设用地的批复违法并予以撤销。2011年3月，省政府行政复议办公室召开听证会，只有王某一方提交相关证据，"政府说他们所有的行为都合法，没必要提交证据。"4月6日，省政府行政复议办公室下发行政复议决定书，驳回复议请求。随后，王某等人依法向国务院法制办提起行政裁决。

拆迁户依法维权，先后通过行政手段和法律途径，终于为实践宪法明文规定的"公民的合法的私有财产不受侵犯。国家依照法律规定保护公民的私有财产权和继承权"迈出了关键的一步。

随着依法治国的不断推进、依法行政的不断深入，我国各级行政机关面临的行政诉讼的争议案件在逐步增多，当被告的几率在逐渐增大，这是一种正常的客观现象。当被告不被动，被动的是工作中存在着没有依法行政的瑕疵。各级行政管理部门在工作中比较容易引起争议的，主要集中在行政主体不适格、行政行为越权、规范性文件与上位法相抵触、行政决定失当和行政不作为几个方面。因此，在全面推进依法治国的大背景下，在法律制度不断完善、监督渠道极大畅通的情况下，在公民依法维权意识不断增强的态势下，唯有依法决策、依法办事，努力实现与依法行政相适应的行政管理方式的转变，树立职权法定意识、程序法定意识和权责统一意识，切实提高依法行政的自觉性和工作水平，才能从根本上杜绝此类案件的发生。

# 第四节　行政监督法

　　行政权力是国家机关中权力最大、涉及人数最多，对国家和社会的发展最为重要、与人民群众关系最为密切的权力，因此，行政监督是国家监督体系中极为重要的组成部分。行政系统内部的监督，主要有行政系统内的专门监督和上级对下级的层级监督。

　　在我国，行政系统内的专门监督主要为审计监督和行政监察，并且已经制定了审计法和行政监察法。根据审计法的规定，在政府内部监督范围内，审计主要是对本级政府各部门和下级政府预算的执行情况和决算、预算外资金的管理和使用情况；政府部门管理和社会团体受政府委托管理的社会保障基金、社会捐献资金及其他有关基金、资金的财务收支等进行审计监督。审计部门在行使职权时，拥有要求报送权、检查权、调查权、制止并采取措施权、通报权及处理权等多方面的权限。根据行政监察法的规定，行政监察是监察部门对行政机关及其公务员的行政效能和清正廉洁两方面进行的监督。监察部门在行使监督权时拥有检查、调查权、建议处分权等较为广泛的权力。

　　层级监督方面，我国目前已建立了行政复议制度、行政诉讼制度和国家赔偿制度，并相应地颁布实施了行政复议法、行政诉讼法和国家赔偿法。其中，行政复议制度是指公民、法人或其他组织认为行政机关的行政行为侵犯其合法权益，向上级行政机关申请复议，由复议机关作出复议决定的制度，既属于上级行政机关对下级行政机关的监督，同时也是公民、法人或其他组织不服下级行政机关的具体行政行为要求复议机关作出公正裁判的一种救济行为。由于行政复议实际上是上级对下级的监督，因此行政复议的范围较为宽泛，在行政复议中，公民、法人或其他组织不仅可以对具体行政行为是否合法要求进行审查，也可以对该具体行政行为是否合理要求进行审查。而在行政诉讼中，人民法院对具体行政行为只能进行合法性审查，除行政处罚外，原则上不作合理性、适当性审查。

## 一、行政复议法

　　行政复议是指公民、法人或者其他组织，认为行政机关的具体行政行为侵犯了其合法权益，依法向上级行政机关提出复议申请，上级行政机关依法对该具体行政行为进行合法性、适当性审查，并作出复议决定的行政行为。我国1999年颁布实施的行政复议法，对行政复议机关的职责、行政复议范围、行政复议申请、行政复议受理、行政复议决定和法律责任等作出了具体规定。这部法律具体规定的内容主要包括：

（一）行政复议机关的职责

行政复议机关负责法制工作的机构具体办理行政复议事项，履行的职责包括受理行政复议申请；向有关组织和人员调查取证，查阅文件和资料；审查申请行政复议的具体行政行为是否合法与适当，拟订行政复议决定；处理或者转送法律规定的审查申请；依照规定的权限和程序对违法的具体行政行为提出处理建议；办理因不服行政复议决定提起行政诉讼的应诉事项；法律、法规规定的其他职责。行政复议机关履行行政复议职责时，应当遵循合法、公正、公开、及时、便民的原则，坚持有错必纠，保障法律、法规的正确实施。

（二）行政复议范围

公民、法人或者其他组织可以依法申请行政复议的情形包括：对行政机关作出的警告、罚款、没收违法所得、没收非法财物、责令停产停业、暂扣或者吊销许可证、暂扣或者吊销执照、行政拘留等行政处罚决定不服的；对行政机关作出的限制人身自由或者查封、扣押、冻结财产等行政强制措施决定不服的；对行政机关作出的有关许可证、执照、资质证、资格证等证书变更、中止、撤销的决定不服的；对行政机关作出的关于确认土地、矿藏、水流、森林、山岭、草原、荒地、滩涂、海域等自然资源的所有权或者使用权的决定不服的；认为行政机关侵犯合法的经营自主权的；认为行政机关变更或者废止农业承包合同，侵犯其合法权益的；认为行政机关违法集资、征收财物、摊派费用或者违法要求履行其他义务的；认为符合法定条件，申请行政机关颁发许可证、执照、资质证、资格证等证书，或者申请行政机关审批、登记有关事项，行政机关没有依法办理的；申请行政机关履行保护人身权利、财产权利、受教育权利的法定职责，行政机关没有依法履行的；申请行政机关依法发放抚恤金、社会保险金或者最低生活保障费，行政机关没有依法发放的；认为行政机关的其他具体行政行为侵犯其合法权益的。

（三）行政复议申请

公民、法人或者其他组织认为具体行政行为侵犯其合法权益的，可以自知道该具体行政行为之日起六十日内提出行政复议申请；但是法律规定的申请期限超过六十日的除外。因不可抗力或者其他正当理由耽误法定申请期限的，申请期限自障碍消除之日起继续计算。同申请行政复议的具体行政行为有利害关系的其他公民、法人或者其他组织，可以作为第三人参加行政复议。公民、法人或者其他组织对行政机关的具体行政行为不服申请行政复议的，作出具体行政行为的行政机关是被申请人。申请人申请行政复议，可以书面申请，也可以口头申请；口头申请的，行政复议机关应当当场记录申请人的基本情况、行政复议请求、申请行政复议的主要事实、理由和时间。

行政复议机关收到行政复议申请后，应当在五日内进行审查，对不符合本法规定的行政复议申请，决定不予受理，并书面告知申请人；对符合行政复议法规定，但是不属于本机关受理的行政复议申请，应当告知申请人向有关行政复议机关提出。对行政复议决定不服再向人民法院提起行政诉讼的，行政复议机关决定不予受理或者受理后超过行政复

我要提出行政复议。

议期限不作答复的，公民、法人或者其他组织可以自收到不予受理决定书之日起或者行政复议期满之日起十五日内，依法向人民法院提起行政诉讼。

（五）行政复议决定

行政复议原则上采取书面审查的办法，但是申请人提出要求或者行政复议机关负责法制工作的机构认为有必要时，可以向有关组织和人员调查情况，听取申请人、被申请人和第三人的意见。行政复议机关负责法制工作的机构应当对被申请人作出的具体行政行为进行审查，提出意见，经行政复议机关的负责人同意或者集体讨论通过后，按照下列规定作出行政复议决定。1.具体行政行为认定事实清楚，证据确凿，适用依据正确，程序合法，内容适当的，决定维持；2.被申请人不履行法定职责的，决定其在一定期限内履行；3.对存在主要事实不清、证据不足的，适用依据错误的，违反法定程序的，超越或者滥用职权的，具体行政行为明显不当等情形之一的，决定撤销、变更或者确认该具体行政行为违法；决定撤销或者确认该具体行政行为违法的，可以责令被申请人在一定期限内重新作出具体行政行为。

（六）法律责任

行政复议机关违反规定，无正当理由不予受理依法提出的行政复议申请或者不按照规定转送行政复议申请的，或者在法定期限内不作出行政复议决定的，对直接负责的主管人员和其他直接责任人员依法给予警告、记过、记大过的行政处分；经责令受理仍不受理或者不按照规定转送行政复议申请，造成严重后果的，依法给予降级、撤职、开除的行政处分。

行政复议机关工作人员在行政复议活动中，徇私舞弊或者有其他渎职、失职行为的，依法给予警告、记过、记大过的行政处分；情节严重的，依法给予降级、撤职、开除的行政处分；构成犯罪的，依法追究刑事责任。

被申请人违反规定，不提出书面答复或者不提交作出具体行政行为的证据、依

据和其他有关材料，或者阻挠、变相阻挠公民、法人或者其他组织依法申请行政复议的，对直接负责的主管人员和其他直接责任人员依法给予警告、记过、记大过的行政处分；进行报复陷害的，依法给予降级、撤职、开除的行政处分；构成犯罪的，依法追究刑事责任。

行政复议机关受理行政复议申请，由本级财政予以保障，不得向申请人收取任何费用。

## 二、行政诉讼法

行政诉讼是指公民、法人或者其他组织认为行政机关和行政机关工作人员的行政行为侵犯其合法权益，依法向人民法院提起的诉讼。为保证人民法院公正、及时审理行政案件，解决行政争议，保护公民、法人和其他组织的合法权益，监督行政机关依法行使行政职权，我国于1989年制定、2014年修订了行政诉讼法，对行政诉讼的受案范围、管辖、诉讼参加人、证据、起诉和受理、审理和判决、审判监督程序、执行及涉外行政诉讼等作了相应规定，具体确立了行政行为合法与违法的标准，对协调行政机关与公民的关系，保护公民合法权益，督促行政机关依法行政，维护社会稳定发挥了重要作用。这部法律具体规定的内容主要包括：

### （一）受案范围

行政诉讼受案范围包括：对行政拘留、暂扣或者吊销许可证和执照、责令停产停业、没收违法所得、没收非法财物、罚款、警告等行政处罚不服的；对限制人身自由或者对财产的查封、扣押、冻结等行政强制措施和行政强制执行不服的；申请行政许可，行政机关拒绝或者在法定期限内不予答复，或者对行政机关作出的有关行政许可的其他决定不服的；对行政机关作出的关于确认土地、矿藏、水流、森林、山岭、草原、荒地、滩涂、海域等自然资源的所有权或者使用权的决定不服的；对征收、征用决定及其补偿决定不服的；申请行政机关履行保护人身权、财产权等合法权益的法定职责，行政机关拒绝履行或者不予答复的；认为行政机关侵犯其经营自主权或者农村土地承包经营权、农村土地经营权的；认为行政机关滥用行政权力排除或者限制竞争的；认为行政机关违法集资、摊派费用或者违法要求履行其他义务的；认为行政机关没有依法支付抚恤金、最低生活保障待遇或者社会保险待遇的；认为行政机关不依法履行、未按照约定履行或者违法变更、解除政府特许经营协议、土地房屋征收补偿协议等协议的；认为行政机关侵犯其他人身权、财产权等合法权益的。

### （二）管辖

基层人民法院管辖第一审行政案件。中级人民法院管辖的一审行政案件包括：对国务院部门或者县级以上地方人民政府所作的行政行为提起诉讼的案件；海关处理的案件；本辖区内重大、复杂的案件；其他法律规定由中级人民法院管辖的案件。

高级人民法院管辖本辖区内重大、复杂的一审行政案件。最高人民法院管辖全国范围内重大、复杂的一审行政案件。经最高人民法院批准，高级人民法院可以根据审判工作的实际情况，确定若干人民法院跨行政区域管辖行政案件。

（三）诉讼参加人

行政行为的相对人以及其他与行政行为有利害关系的公民、法人或者其他组织，有权提起诉讼。公民、法人或者其他组织直接向人民法院提起诉讼的，作出行政行为的行政机关是被告。经复议的案件，复议机关决定维持原行政行为的，作出原行政行为的行政机关和复议机关是共同被告；复议机关改变原行政行为的，复议机关是被告。复议机关在法定期限内未作出复议决定，公民、法人或者其他组织起诉原行政行为的，作出原行政行为的行政机关是被告；起诉复议机关不作为的，复议机关是被告。两个以上行政机关作出同一行政行为的，共同作出行政行为的行政机关是共同被告。行政机关委托的组织所作的行政行为，委托的行政机关是被告。行政机关被撤销或者职权变更的，继续行使其职权的行政机关是被告。

（四）证据

经法庭审查属实，可作为认定案件事实的行政诉讼证据包括：书证；物证；视听资料；电子数据；证人证言；当事人的陈述；鉴定意见；勘验笔录、现场笔录。被告对作出的行政行为负有举证责任，应当提供作出该行政行为的证据和所依据的规范性文件。原告可以提供证明行政行为违法的证据。原告提供的证据不成立的，不免除被告的举证责任。对由国家机关保存而须由人民法院调取的证据；涉及国家秘密、商业秘密和个人隐私的证据；确因客观原因不能自行收集的其他证据，原告或者第三人不能自行收集的，可以申请人民法院调取。

（五）起诉和受理

公民、法人或者其他组织不服复议决定的，可以在收到复议决定书之日起十五日内向人民法院提起诉讼。复议机关逾期不作决定的，申请人可以在复议期满之日起十五日内向人民法院提起诉讼，法律另有规定的除外。公民、法人或者其他组织直接向人民法院提起诉讼的，应当自知道或者应当知道作出行政行为之日起六个月内提出。法律另有规定的除外。因不动产提起诉讼的案件自行政行为作出之日起超过二十年，其他案件自行政行为作出之日起超过五年提起诉讼的，人民法院不予受理。公民、法人或者其他组织申请行政机关履行保护其人身权、财产权等合法权益的法定职责，行政机关在接到申请之日起两个月内不履行的，公民、法人或者其他组织可以向人民法院提起诉讼。对人民法院既不立案，又不作出不予立案裁定的，当事人可以向上一级人民法院起诉。上一级人民法院认为符合起诉条件的，应当立案、审理，也可以指定其他下级人民法院立案、审理。

（六）审理和判决

1. 一审普通程序

人民法院应当在立案之日起五日内，将起诉状副本发送被告。被告应当在收到起诉状副本之日起十五日内向人民法院提交作出行政行为的证据和所依据的规范性文件，并提出答辩状。人民法院应当在立案之日起六个月内作出第一审判决。有特殊情况需要延长的，由高级人民法院批准，高级人民法院审理第一审案件需要延长的，由最高人民法院批准。

现在开庭。

法官

2. 简易程序

对被诉行政行为是依法当场作出的；案件涉及款额两千元以下的；属于政府信息公开案件的，或当事人各方同意适用简易程序的，人民法院审理时可以适用简易程序。适用简易程序审理的行政案件，由审判员一人独任审理，并应当在立案之日起四十五日内审结。

3. 二审程序

当事人不服人民法院一审判决的，有权在判决书送达之日起十五日内向上一级人民法院提起上诉。当事人不服人民法院一审裁定的，有权在裁定书送达之日起十日内向上一级人民法院提起上诉。逾期不提起上诉的，人民法院的一审判决或者裁定发生法律效力。人民法院审理上诉案件，应当在收到上诉状之日起三个月内作出终审判决。有特殊情况需要延长的，由高级人民法院批准，高级人民法院审理上诉案件需要延长的，由最高人民法院批准。原审人民法院对发回重审的案件作出判决后，当事人提起上诉的，二审人民法院不得再次发回重审。

（七）审判监督程序

当事人对已经发生法律效力的判决、裁定，认为确有错误的，可以向上一级人民法院申请再审，但判决、裁定不停止执行。对属于不予立案或者驳回起诉确有错误的；有新的证据，足以推翻原判决、裁定的；原判决、裁定认定事实的主要证据不足、未经质证或者系伪造的；原判决、裁定适用法律、法规确有错误的；违反法律规定的诉讼程序，可能影响公正审判的；原判决、裁定遗漏诉讼请求的；据以作出原判决、裁定的法律文书被撤销或者变更的；审判人员在审理该案件时有贪污受贿、徇私舞弊、枉法裁判行为的案件，当事人提出申请的，人民法院应当再审。

（八）执行

当事人必须履行人民法院发生法律效力的判决、裁定、调解书。公民、法人或者其他组织拒绝履行判决、裁定、调解书的，行政机关或者第三人可以向一审人民法院申请强制执行，或者由行政机关依法强制执行。行政机关拒绝履行判决、裁定、调解书的，一审人民法院可以对应当归还的罚款或者应当给付的款额，通知银行从该行政机关的账户内划拨；在规定期限内不履行的，从期满之日起，对该行政机关负责人按日处五十元至一百元的罚款；将行政机关拒绝履行的情况予以公告；向监察机关或者该行政机关的上一级行政机关提出司法建议。对拒不履行判决、裁定、调解书，社会影响恶劣的，可以对该行政机关直接负责的主管人员和其他直接责任人员予以拘留；情节严重，构成犯罪的，依法追究刑事责任。行政机关或者行政机关工作人员作出的行政行为侵犯公民、法人或者其他组织的合法权益造成损害的，由该行政机关或者该行政机关工作人员所在的行政机关负责赔偿。行政机关赔偿损失后，应当责令有故意或者重大过失的行政机关工作人员承担部分或者全部赔偿费用。

### 三、国家赔偿法

国家赔偿以监督行政机关的行政行为是否合法为主要任务。以违法为赔偿前提的归责原则，事实行为造成损害的赔偿责任等赔偿制度的建立，进一步强化了对行政机关依法行政的监督力度。我国于1994年制定，2010年、2012年修订的国家赔偿法，明确了行政赔偿的范围、赔偿请求人和赔偿义务机关、赔偿的程序及赔偿方式和计算标准，为保障公民、法人和其他组织享有依法取得国家赔偿的权利，促进国家机关依法行使职权，提供了基本的法律依据。这部法律就行政赔偿所具体规定的内容主要包括：

#### （一）行政赔偿的范围

行政机关及其工作人员在行使行政职权时，如存在违法拘留或者违法采取限制公民人身自由的行政强制措施的；非法拘禁或者以其他方法非法剥夺公民人身自由的；以殴打、虐待等行为或者唆使、放纵他人以殴打、虐待等行为造成公民身体伤害或者死亡的；违法使用武器、警械造成公民身体伤害或者死亡的；造成公民身体伤害或者死亡的其他违法行为的，受害人有取得赔偿的权利。行政机关及其工作人员在行使行政职权时，如存在违法实施罚款、吊销许可证和执照、责令停产停业、没收财物等行政处罚的；违法对财产采取查封、扣押、冻结等行政强制措施的；违法征收、征用财产的；造成财产损害的其他违法行为的，受害人有取得赔偿的权利。如属于行政机关工作人员与行使职权无关的个人行为；因公民、法人和其他组织自己的行为致使损害发生的；法律规定的其他情形的，国家不承担赔偿责任。

#### （二）赔偿请求人和赔偿义务机关

受害的公民、法人和其他组织有权要求赔偿；受害的公民死亡，其继承人和其他有扶养关系的亲属有权要求赔偿；受害的法人或者其他组织终止的，其权利承受人有权要求赔偿。行政机关及其工作人员行使行政职权侵犯公民、法人和其他组织的合法权益造成损害的，该行政机关为赔偿义务机关；两个以上行政机关共同行使行政职权时侵犯公民、法人和其他组织的合法权益造成损害的，共同行使行政职权的行政机关为共同赔偿义务机关；法律、法规授权的组织在行使授予的行政权力时侵犯公民、法人和其他组织的合法权益造成损害的，被授权的组织为赔偿义务机关；受行政机关委托的组织或者个人在行使受委托的行政权力时侵犯公民、法人和其他组织的合法权益造成损害的，委托的行政机关为赔偿义务机关。赔偿义务机关被撤销的，继续行使其职权的行政机关为赔偿义务机关。没有继续行使其职权的行政机关的，撤销该赔偿义务机关的行政机关为赔偿义务机关。

（三）赔偿程序

赔偿请求人要求赔偿，应当先向赔偿义务机关提出，也可以在申请行政复议或者提起行政诉讼时一并提出；赔偿请求人可以向共同赔偿义务机关中的任何一个赔偿义务机关要求赔偿，该赔偿义务机关应当先予赔偿；赔偿请求人根据受到的不同损害，可以同时提出数项赔偿要求。赔偿义务机关应当自收到申请之日起两个月内，作出是否赔偿的决定。赔偿义务机关决定赔偿的，应当制作赔偿决定书，并自作出决定之日起十日内送达赔偿请求人。赔偿义务机关决定不予赔偿的，应当自作出决定之日起十日内书面通知赔偿请求人，并说明不予赔偿的理由。对赔偿作出赔偿或者不予赔偿决定有异议的，赔偿请求人可在三个月内向人民法院提起诉讼。

（四）赔偿方式和计算标准

国家赔偿以支付赔偿金为主要方式。能够返还财产或者恢复原状的，予以返还财产或者恢复原状。侵犯公民人身自由的，每日赔偿金按照国家上年度职工日平均工资计算。

 以案释法 04

## 行政不作为被判败诉

2014年10月16日，李某向某市国土资源局（以下简称市国土局）书面提出申请，请求该局依法查处其所在村的耕地被有关工程项目违法强行占用的行为，并向该局寄送了申请书。市国土局收到申请后，没有受理、立案、处理，也未告知李某，李某遂以市国土局不履行法定职责为由诉至法院，请求确认被告不履行法定职责的行政行为违法，并要求被告对该村土地被强占的违法行为进行查处。

该市某区人民法院一审认为，土地管理部门对上级交办、其他部门移送和群众举报的土地违法案件，应当受理。土地管理部门受理土地违法案件后，应当进行审查，凡符合立案条件的，应当及时立案查处；不符合立案条件的，应当告知交办、移送案件的单位或者举报人。本案原告向被告市国土局提出查处违法占地申请后，被告应当受理，被告既没有受理，也没有告知原告是否立案，故原告要求确认被告不履行法定职责违法，并限期履行法定职责的请求，有事实根据和法律依据，本院予以支持。遂判决：一、确认被告对原告要求查处违法占地申请未予受理的行为违法。二、限被告于本判决生效之日起按国土资源行政处罚办法的规定履行法定职责。

市国土局不服，提出上诉。该市中级人民法院二审认为，根据国土资源行政处罚办法规定，县级以上国土资源主管部门"应当依法立案查处，无正当理由未依法立案查处的"，应当承担相应责任。上诉人市国土局未及时将审查结果告知申请人，上诉人的行为未完全履行工作职责，违反了国土资源行政处罚办法第四十五条的相关规定。二审判决驳回上诉，维持原判。

 释解

及时处理群众举报、切实履行查处违法占地相关法定职责，回应群众关切、保障土地资源的合法利用是有关土地管理部门的应尽职责。土地资源稀缺、人多地少的现状决定了我国必须实行最严格的土地管理制度，但长期以来土地资源浪费严重，违法违规用地现象普遍，这其中既有土地管理保护不力的原因，也有人民群众难以有效参与保护的因素。公众参与是及时发现和纠正土地违法行为的重要渠道，也是确保落实最严格的土地管理制度的有效手段。依法受理并及时查处人民群众对违法用地行为的举报，是土地管理部门的权力更是义务。对于在处理土地违法案件中，发现违法案件不属于本部门管辖的，也应及时做好相应的案件移送工作。国土资源行政处罚办法第十条明确规定："国土资源主管部门发现违法案件不属于本部门管辖的，应当移送有管辖权的国土资源主管部门或者其他部门。"

# 第三章
# 我国工业和信息化法律制度

　　工业是国民经济的重要组成部分，是推动经济增长的主要动力，也是社会就业的重要渠道和吸收农村富余劳动力的重要载体，工业化发展水平是衡量国家现代化程度和综合国力的重要标志。进入21世纪以来，我国以电子信息技术为代表的高新科技得到了飞速发展，工业与信息产业的深度融合，使我国工业生产水平得到了空前的提高。工业和信息化法律制度是规范和调整涉及工业和信息化运行与发展各方面法律关系的法律法规的总称。工业和信息化法律制度是社会主义市场经济法律制度的重要组成部分，其主要包括电信业务管理及网络监督管理等制度。所以应重视工业和信息化法律法规建设，努力为工业、通信业和信息化发展提供法治保障。

## 第一节　我国工业和信息化法律制度的历史沿革

　　我国的工业和信息化法律制度的产生发展始终是与我国的工业化进程相辅相成的，所以本节将以我国的工业化和信息化进程为主要的历史线索来阐述我国工业和信息化制度的历史沿革。

### 一、新中国成立后至改革开放前期

　　中华人民共和国成立后，为了改变工业落后的面貌，新中国政府编制了第一个五年计划，采取了重化工业起步的超常规道路，实行"优先发展重工业"的战略。在这一时期，我国的工业处于起步阶段，信息产业尚处于萌芽阶段，指导产业发展的规范多为中央政府的行政命令，且以五年规划的形式进行，相关的法律、法规基本处于空白阶段。1952年，我国成立了中央人民政府国家计划委员会。此机构为我国目前的国家发展和改革委员会的前身，其负责编制我国工业的长期发展规划。1956年5月，一届全国人大常委会四十次会议决定设立国家经济委员会，是全国综合性宏观调控工交系统主管部门。1970年6月，中共中央决定将国家经济委员会撤销并入国家计划委员会，其原有职能也一并由我国当时的国家计划委员会行使。我国这一时期的工业经济发展和规制主要由该机构负责统筹进行。相关工业行业的监管工作由不同的部门负责进行。

在信息化法律法规方面，由于这一时期我国的信息通信产业发展尚未起步，除我国于1949年11月成立的邮电部有管理电信的职责外，没有相关的法律、法规对信息通信产业进行调整。这方面的法律法规的历史沿革将放在改革开放后这一段时间进行介绍。

## 二、改革开放后

改革开放以来，我国的电信业发展迅速，电信行业日益成为国民经济中的核心产业。电信经济由于固有的规模经济特性以及其在国民经济生活中的重要地位，一直是政府重点监管的对象。

我国真正意义上的电信监管始于信息产业部的组建。1998年3月，信息产业部成立，结束了中国电信业持续近半个世纪的政企合一状态。1998年以后，中国电信经济政企分开，现代意义上的电信监管正式开始。信息产业部在原邮电管理局的基础上组建了地方通信管理局，在信息产业部领导下负责本地区的电信监管。电信监管是国家行政管理的重要组成部分，由于我国最高立法机关迟迟没有出台规范电信业的专门法律，约束电信业的主要是国务院2000年颁布的行政法规《中华人民共和国电信条例》和电信监管机构在监管实践中发布的一系列部门规章。2008年3月，信息产业部并入新成立的工业和信息化部，实践中对电信经济进行宏观监控，规划行业发展的变为工业和信息化部与地方通信管理局。

中国自1994年4月首次接入互联网以来，网络发展状况一直呈高速跃进态势。我国通过制定诸多的网络监管法律，建立起全景式的"监管塔"。截至2015年11月，全国人大、中宣部、国务院新闻办、公安部、信息产业部、文化部、新闻出版总署等14个部门已推出90余部与互联网有关的法律法规。其中，直接规范互联网服务提供商和互联网用户行为的法律、法规和规章有47部。而这之中与网络内容监管有关的法律法规则有26部。此外，相关法律法规还确立了一些监管制度，主要包括：

1. 用户登记上网和相关信息保存制度。如《计算机信息网络国际联网安全保护管理办法》规定，互联单位、接入单位及使用计算机信息网络国际联网的法人和其他组织应当对委托发布信息的单位和个人进行登记，并对所提供的信息内容进行审核，建立计算机信息网络电子公告系统的用户登记和信息管理制度。

2. 运营机构审查备案制度。有关法规不仅对提供网络信息服务的机构资格、审批程序、运营场所进行了一系列的限制，而且要求在中国境内提供经营性和非经营性互联网信息服务，必须以实名制履行备案手续。

## 第二节　我国工业和信息化法律制度的现状

2008年3月11日，根据公布的国务院机构改革方案，国务院组建了直属部门——工业和信息化部。中央将国家发改委的工业管理有关职责、国防科工委除核电管理以外的职责，以及信息产业部和国务院信息化工作办公室的职责加以整合，并且划入工业和信息化部。另外组建国家国防科技工业局，由工业和信息化部管理。不再保留国防科工委、信息产业部和国务院信息办。此外，国家烟草专卖局改由工业和信息化部管理。

### 一、电信业务管理法律制度现状

建国初我国电信业由国家利用行政手段来规制，改革开放后，我国电信业历经多次重组和改革改善了政企不分的状况，电信市场的竞争格局已经形成。我国电信业公平的竞争需要一系列法律法规来对电信业进行规制。当前，我国电信业的法律规制主要依托反不正当竞争法和反垄断法，但这两部法律只能对电信业的不正常竞争行为和垄断行为进行规制。我国还没有颁布一部完整的电信法。

2000年，国务院发布的电信条例为我国电信业的最高专门行政法规。电信条例明确了我国电信业规制要破除垄断、鼓励竞争，确立了电信业务许可制度、资源分配制度、互联互通制度、电信资费制度，列出了电信业中垄断行为的方式及相应承担的法律责任，明确了行业规制部门在电信业执法中的管辖权。电信条例在促进电信市场竞争、保护电信用户利益、引导产业发展等方面发挥了重要的推动作用，为中国电信业的改革提供了基本的法律保障。但电信条例的立法层级相对较低、部门立法色彩浓厚、可操作性弱等也对电信业的发展有一定的制约。

### 二、网络监督管理法律制度现状

近年来，我国除了在制定的一系列法律中，规定了一些与网络信息活动的有关内容外，还颁布了许多有关网络方面的专门立法、司法解释和其他规定。其中，法律层次的有《全国人民代表大会常务委员会关于维护互联网安全的决定》和《中华人民共和国网络安全法》；行政法规主要有：《中华人民共和国电信条例》《中华人民共和国计算机信息网络国际联网管理暂行规定》《中华人民共和国计算机信息网络国际联网管理暂行规定实施办法》《互联网信息服务管理办法》等；还有大量部门规章和最高法院的司法解释等。这为我国处理网络相关问题提供了良好的法律依据，但其中的一些规定与办法也还存在着过于原则、系统性、协调性、可操作性弱等问题。

# 第三节　我国工业和信息化法律制度的发展与完善

改革开放后，我国的经济迅速发展，工业及相关产业取得了长足的进步，与之相伴的，我国工业和信息化的法律制度从无到有，逐渐发展完善，形成了一个比较符合我国实际的制度体系，但是具体到特定的方面，还有待继续提升与完备。

## 一、电信业务管理法律制度存在的问题及发展完善

### （一）我国电信业务管理法律制度存在的问题

要实现电信市场公平、有序、有效的竞争态势，做好监管工作，建立一个完备的法律体系不可或缺，尤其是电信监管方面的立法亟待完备，主要体现在以下几方面：

1. 覆盖面窄

从法律制度的内容来看，虽然现有法律涵盖了三大市场领域，但对核心的电信运营市场中存在竞争的各领域规范较少，而对迅速崛起的互联网业务市场规范较多；对政府管理行为的监督较少，对企业的建设经营和服务行为规范较多。这些结构性缺陷导致监管部门在实施具体的行政执法职能时依据不足，监管效率受到影响。

2. 层级低

目前没有专门针对电信业的法律，由中央政府颁布的行政法规的数量也不多，而信息产业部以部令方式发布的部门规章不少，其余内部司局下发的规范文件更多。由此产生两大问题，其一是法律适用性较小，一旦遇到管辖权冲突就无法执行；其二是权威不足，容易受到地方性法规的制约干扰。

3. 体系弱

从目前的法律制度框架和内容来看，各层级法律法规还没有完全形成相互依赖支持的体系，多数处于各自为政的状态。电信法的规定过于宏观，原则性规定多而具体性规定少，可操作性弱。如电信条例仅仅80条，且规定得十分宽泛，基本上都是原则性规定。电信法作为事前规制手段，恰恰是要提供清晰而详细的规则，否则主导运营商必然会利用法律的诸多"漏洞"阻碍电信竞争。电信市场的利益相关者不清楚立法者的整体意图和管理思路，而具体执法者则无法整体把握执法的尺度，对后续的立法工作形成了制约。

4. 执法保障弱

从目前的法律制度框架和内容看，各层级法律法规尚没有完全形成相互依赖支持的体系，多数处于各自为政的状态。监管机构缺位、信息渠道不畅、财力短缺、执法人员素质有待提高、主导电信运营商对执法机构和人员具有影响力等问题突出。

5. 对消费者的权益重视不够

在我国现有电信法规中，有关消费者权益保护方面的规定比较薄弱，在随后出台的电信法中应有专章来保护消费者的权益，比如规定用户的选择权、知情权、隐私权、电信企业的公告、公示义务等。一句话，就是通过为企业设立义务，为用户赋予权利，保障两者之间力量的平衡。

### （二）我国电信业务管理法律制度的发展与完善

中国要从电信业大国变为电信业强国，加强监管，建立健康、有序、宽松的电信运营环境，是很关键的一步。而要加强监管，形成公平有序的市场竞争，又离不开法律的保障。电信条例作为一部全面与综合调整电信法律关系的部门法规，其实施极大促进了中国电信业的规范化发展。然而，随着电信业的发展，电信市场的变化，电信条例无论从效力上还是从内容上看，都难已完全适应电信业进一步发展的需要。因此，尽快制定我国的电信法显得尤为重要。

## 二、网络监管法律制度存在的问题及发展完善

从我国网络立法现状考虑，我国虽然开始了网络立法，但还尚未形成完整的法律体系。网络立法有公法、私法、网络利用三部分内容。网络监管法律多属公法范畴，包括对网络进行管理的行政法、对网络纠纷进行裁决的诉讼法与对网络犯罪行为进行规制和追究的刑法、刑事诉讼法。其作用是使国家对网络依法进行管理，对侵害网络权利、违背网络义务的行为进行制裁和处理，维护社会的正常秩序，维护网络的正常秩序。

首先，在现有网络安全法的基础上全面规定网络的法律问题，规定详细的行为规范和权利义务关系。其次，在一些基本法，包括诉讼法、刑法、行政法等法律中，嵌入有关网络内容的规定。再次，建立配套的行政法规和部门规章，对网络法制定相应的实施细则，使之成为一个由网络法为核心的，由行政法规和行政规章等为补充的完整的法律体系。要完善网络监管方面的法律法规，还应从协调性角度考虑，对现有的相关法规进行有效整合，杜绝内容重复和管理部门职责界限模糊等问题。

从网络立法内容考虑，完善网络监管制度，应从网络媒体、政府、公民三方面考虑。

从政府与公民的关系来看，网络立法应以权利与义务为机制调整公民和政府的关系。信息公开、网络议政是政府的法定义务，网络知情权、表达权是公民的权利。政府信息公开应在规范化、法治化的轨道上寻求突破。信息公开的形式可以是政府主动公开，也可以是公民申请公开；公开形式可以是政府公报，也可以通过政府网站和其他形式。制度建设应明确政府信息公开的程序、范围和方式，保障公民拥有畅通快速的利益表达、议政献言的渠道。同时也要建立严厉的虚假信息举报惩罚机制，依靠法治手段打击网络暴民，以及操纵舆论的网络水军。信息公开有法可依，政府决策透明度不断提高，公民有秩序地参政议政。只有在法治背景下，政府与公民的关系才能得到理顺。

从政府与媒体的关系来看，二者是平等独立的关系，政府与网络媒体应形成良好的合作关系，政府发布信息，获取民意，网络媒体为公共舆论提供平台。既要防止网络媒体被矮化为政府的工具，又要防止网络媒体一味追求商业效益而放松对不良信息的防控。

从网络媒体与公民的关系来看，要以法律规范约束网络媒体的行为，强化网络媒体的责任意识。在网络竞争日益激烈的今天，商业化目标固然是媒体运作的一部分，但网络媒体也应有非经济价值目标。媒体介入公共舆论应杜绝商业化运作，防止利益诱惑使媒体丧失职业道德，酿成无法弥补的错误。网络社会需要法律监管，网民也需要道德约束。网民有权利，也有义务，遵纪守法，追随良知，做负责任的网络公民。因此，对公民而言，立法应以法为教，发挥法的教育作用，从培养公民道德入手。公民的网络言行必须服从社会、国家和民族的利益，网络参政议政也应以服务社会为目的，以公平正义为标准。言论自由是宪法规定的公民基本权利，因此，全国人大及其常委会在网络立法中，应当在强调保障公民言论自由的同时，对在网络上故意散布谣言，扰乱社会公共秩序者，追究相应法律责任，以保障社会的和谐、稳定和发展。

# 第四章

# 工业经济发展调控

全球经济持续复苏仍面临诸多挑战，我国工业经济增长新旧动能正加速转换，工业生产将保持平稳增长，但仍存在不稳定因素，如民间投资意愿不高、高端产品供给不足、实体经济过度金融化等。未来将持续推进供给侧结构性改革，坚持创新引领，加快制造业创新中心建设，以智能制造为主线，推动工业转型升级，推进"三品"战略，深化产融结合，继续激发企业投资活力，同时还要关注国际经贸规则新变化、新趋势，重塑我国工业竞争新优势。

## 第一节　产业政策调整

### 一、兼并重组

近年来，我国企业兼并重组步伐加快，但仍面临审批多、融资难、负担重、服务体系不健全、体制机制不完善、跨地区跨所有制兼并重组困难等问题。在新形势下要更加重视企业兼并重组工作，把企业兼并重组与近期中央部署的重点行业化解过剩产能、处置僵尸企业统筹考虑，坚持市场化、法治化原则，积极推进产业组织结构调整优化，提

企业要兼并重组。

升企业竞争力，坚持一业一策、一地一策、一企一策，做深入细致的工作。

（一）兼并重组的概念

兼并重组是企业加强资源整合、实现快速发展、提高竞争力的有效措施，是化解产能严重过剩矛盾、调整优化产业结构、提高发展质量效益的重要途径。

（二）兼并重组的主要目标

1.体制机制进一步完善

企业兼并重组相关行政审批事项逐步减少，审批效率不断提高，有利于企业兼并重组的市场体系进一步完善，市场壁垒逐步消除。

2.政策环境更加优化

有利于企业兼并重组的金融、财税、土地、职工安置等政策进一步完善，企业兼并重组融资难、负担重等问题逐步得到解决，兼并重组服务体系不断健全。

3.企业兼并重组取得新成效

兼并重组活动日趋活跃，一批企业通过兼并重组焕发活力，有的成长为具有国际竞争力的大企业大集团，产业竞争力进一步增强，资源配置效率显著提高，过剩产能得到化解，产业结构持续优化。

（三）兼并重组的基本原则

1.尊重企业主体地位

有效调动企业积极性，由企业自主决策、自愿参与兼并重组，坚持市场化运作，避免违背企业意愿的"拉郎配"。

2.发挥市场机制作用

发挥市场在资源配置中的决定性作用，加快建立公平开放透明的市场规则，消除企业兼并重组的体制机制障碍，完善统一开放、竞争有序的市场体系。

3.改善政府的管理和服务

取消限制企业兼并重组和增加企业兼并重组负担的不合理规定，解决企业兼并重组面临的突出问题，引导和激励各种所有制企业自主、自愿参与兼并重组。

（四）兼并重组的措施

1.加快推进审批制度改革

（1）取消下放部分审批事项。系统梳理企业兼并重组涉及的审批事项，缩小审批范围，对市场机制能有效调节的事项，取消相关审批。取消上市公司收购报告书事前审核，强化事后问责。取消上市公司重大资产购买、出售、置换行为审批（构成借壳上市的除外）。对上市公司要约收购义务豁免的部分情形，取消审批。地方国有股东所持上市公司股份的转让，下放地方政府审批。

（2）简化审批程序。优化企业兼并重组相关审批流程，推行并联式审批，避免互为前置条件。实行上市公司并购重组分类审核，对符合条件的企业兼并重组实行快速审核或豁免审核。简化海外并购的外汇管理，改革外汇登记要求，进一步促进投资便利化。优化国内企业境外收购的事前信息报告确认程序，加快办理相关核准手续。提高经营者集中反垄断审查效率。企业兼并重组涉及的生产许可、工商登记、资产权属证明等变更手续，从简限时办理。

2. 改善金融服务

（1）优化信贷融资服务。引导商业银行在风险可控的前提下积极稳妥地开展并购贷款业务。推动商业银行对兼并重组企业实行综合授信，改善对企业兼并重组的信贷服务。

（2）发挥资本市场作用。符合条件的企业可以通过发行股票、企业债券、非金融企业债务融资工具、可转换债券等方式融资。允许符合条件的企业发行优先股、定向发行可转换债券作为兼并重组支付方式，研究推进定向权证等作为支付方式。鼓励证券公司开展兼并重组融资业务，各类财务投资主体可以通过设立股权投资基金、创业投资基金、产业投资基金、并购基金等形式参与兼并重组。对上市公司发行股份实施兼并事项，不设发行数量下限，兼并非关联企业不再强制要求作出业绩承诺。非上市公众公司兼并重组，不实施全面要约收购制度。改革上市公司兼并重组的股份定价机制，增加定价弹性。非上市公众公司兼并重组，允许实行股份协商定价。

3. 落实和完善财税政策

（1）完善企业所得税、土地增值税政策。修订完善兼并重组企业所得税特殊性税务处理的政策，降低收购股权（资产）占被收购企业全部股权（资产）的比例限制，扩大特殊性税务处理政策的适用范围。抓紧研究完善非货币性资产投资交易的企业所得税、企业改制重组涉及的土地增值税等相关政策。

完善财税政策。

（2）落实增值税、营业税等政策。企业通过合并、分立、出售、置换等方式，转让全部或者部分实物资产以及与其相关联的债权、债务和劳动力的，不属于增值税和营业税征收范围，不应视同销售而征收增值税和营业税。税务部门要加强跟踪管理，企业兼并重组工作牵头部门要积极协助财税部门做好相关税收政策的落实。

（3）加大财政资金投入。中央财政适当增加工业转型升级资金规模，引导实施兼并重组的企业转型升级。利用现有中央财政关闭小企业资金渠道，调整使用范围，帮助实施兼并重组的企业安置职工、转型转产。加大对企业兼并重组公共服务的投入力度。各地要安排资金，按照行政职责，解决本地区企业兼并重组工作中的突出问题。

（4）进一步发挥国有资本经营预算资金的作用。根据企业兼并重组的方向、重点和目标，合理安排国有资本经营预算资金引导国有企业实施兼并重组、做优做强，研究完善相关管理制度，提高资金使用效率。

4．完善土地管理和职工安置政策

（1）完善土地使用政策。政府土地储备机构有偿收回企业因兼并重组而退出的土地，按规定支付给企业的土地补偿费可以用于企业安置职工、偿还债务等支出。企业兼并重组中涉及因实施城市规划需要搬迁的工业项目，在符合城乡规划及国家产业政策的条件下，市县国土资源管理部门经审核并报同级人民政府批准，可收回原国有土地使用权，并以协议出让或租赁方式为原土地使用权人重新安排工业用地。企业兼并重组涉及土地转让、改变用途的，国土资源、住房城乡建设部门要依法依规加快办理相关用地和规划手续。

（2）进一步做好职工安置工作。落实完善兼并重组职工安置政策。实施兼并重组的企业要按照国家有关法律法规及政策规定，做好职工安置工作，妥善处理职工劳动关系。地方各级人民政府要进一步落实促进职工再就业政策，做好职工社会保险关系转移接续，保障职工合法权益。对采取有效措施稳定职工队伍的企业给予稳定岗位补贴，所需资金从失业保险基金中列支。

5．加强产业政策引导

（1）发挥产业政策作用。提高节能、环保、质量、安全等标准，规范行业准入，形成倒逼机制，引导企业兼并重组。支持企业通过兼并重组压缩过剩产能、淘汰落后产能、促进转型转产。产能严重过剩行业项目建设，须制定产能置换方案，实施等量或减量置换。

（2）鼓励优强企业兼并重组。推动优势企业强强联合、实施战略性重组，带动中小企业"专精特新"发展，形成优强企业主导、大中小企业协调发展的产业格局。

（3）引导企业开展跨国并购。落实完善企业跨国并购的相关政策，鼓励具备实力的企业开展跨国并购，在全球范围内优化资源配置。规范企业海外并购秩序，加强竞争合作，推动互利共赢。积极指导企业制定境外并购风险应对预案，防范债务风险。鼓励外资参与我国企业兼并重组。

（4）加强企业兼并重组后的整合。鼓励企业通过兼并重组优化资金、技术、人才等生产要素配置，实施业务流程再造和技术升级改造，加强管理创新，实现优势互补、做优做强。

6．进一步加强服务和管理

（1）推进服务体系建设。进一步完善企业兼并重组公共信息服务平台，拓宽信息交流渠道。培育一批业务能力强、服务质量高的中介服务机构，提高关键领域、薄弱环节的服务能力，促进中介服务机构专业化、规范化发展。发挥行业协会在企业兼并重组中的重要作用。

（2）建立统计监测制度。加强企业兼并重组的统计信息工作，构建企业兼并重组统计指标体系，建立和完善统计调查、监测分析和发布制度。整合行业协会、中介组织等信息资源，畅通统计信息渠道，为企业提供及时有效的信息服务。

（3）规范企业兼并重组行为。严格依照有关法律法规和政策，保护职工、债权人和投资者的合法权益。完善国有产权转让有关规定，规范国有资产处置，防止国有资产流失。采取切实措施防止企业通过兼并重组逃废银行债务，依法维护金融债权，保障金融机构合法权益。在资本市场上，主板、中小板企业兼并重组构成借壳上市的，要符合首次公开发行条件。加强上市公司和非上市公众公司信息披露，强化事中、事后监管，严厉查处内幕交易等违法违规行为。加强外国投资者并购境内企业安全审查，维护国家安全。

7. 健全企业兼并重组的体制机制

（1）完善市场体系建设。深化要素配置市场化改革，进一步完善多层次资本市场体系。加快建立现代企业产权制度，促进产权顺畅流转。加强反垄断和反不正当竞争执法，规范市场竞争秩序，加强市场监管，促进公平竞争和优胜劣汰。行政机关和法律法规授权的具有管理公共事务职责的组织，应严格遵守反垄断法，不得滥用行政权力排除和限制竞争。

（2）消除跨地区兼并重组障碍。清理市场分割、地区封锁等限制，加强专项监督检查，落实责任追究制度。加大一般性转移支付力度，平衡地区间利益关系。落实跨地区机构企业所得税分配政策，协调解决企业兼并重组跨地区利益分享问题，解决跨地区被兼并企业的统计归属问题。

（3）放宽民营资本市场准入。向民营资本开放非明确禁止进入的行业和领域。推动企业股份制改造，发展混合所有制经济，支持国有企业母公司通过出让股份、增资扩股、合资合作引入民营资本。加快垄断行业改革，向民营资本开放垄断行业的竞争性业务领域。优势企业不得利用垄断力量限制民营企业参与市场竞争。

（4）深化国有企业改革。深入推进国有企业产权多元化改革，完善公司治理结构。改革国有企业负责人任免、评价、激励和约束机制，完善国有企业兼并重组考核评价体系。加大国有企业内部资源整合力度，推动国有资本更多投向关系国家安全、国民经济命脉的重要行业和关键领域。

8. 切实抓好组织实施

（1）进一步加大统筹协调力度。充分发挥企业兼并重组工作部际协调小组的作用，解决跨地区跨所有制企业兼并重组和跨国并购中的重大问题，做好重大部署的落实，组织开展政策执行情况评估和监督检查。各有关部门要按照职责分工抓紧制定出台配套政策措施，加强协调配合，完善工作机制，扎实推进各项工作。

（2）切实加强组织领导。各地区要按照本意见要求，结合当地实际，抓紧制定优化企业兼并重组市场环境的具体方案，建立健全协调机制和服务体系，积极协调解决本地区企业兼并重组中遇到的问题，确保各项政策措施落到实处，有关重大事项及时报告企业兼并重组工作部际协调小组。

## 二、淘汰落后

### （一）淘汰落后产能的重要意义

加快淘汰落后产能是转变经济发展方式、调整经济结构、提高经济增长质量和效益的重大举措，是加快节能减排、积极应对全球气候变化的迫切需要，是走中国特色新型工业化道路、实现工业由大变强的必然要求。近年来，随着加快产能过剩行业结构调整、抑制重复建设、促进节能减排政策措施的实施，淘汰落后产能工作在部分领域取得了明显成效。但是，由于长期积累的结构性矛盾比较突出，落后产

淘汰落后产能。

能退出的政策措施不够完善，激励和约束作用不够强，部分地区对淘汰落后产能工作认识存在偏差、责任不够落实，当前我国一些行业落后产能比重大的问题仍然比较严重，已经成为提高工业整体水平、落实应对气候变化举措、完成节能减排任务、实现经济社会可持续发展的严重制约。必须充分发挥市场的作用，采取更加有力的措施，综合运用法律、经济、技术及必要的行政手段，进一步建立健全淘汰落后产能的长效机制，确保按期实现淘汰落后产能的各项目标。各地区、各部门要切实把淘汰落后产能作为全面贯彻落实科学发展观，应对国际金融危机影响，保持经济平稳较快发展的一项重要任务，进一步增强责任感和紧迫感，充分调动一切积极因素，抓住关键环节，突破重点难点，加快淘汰落后产能，大力推进产业结构调整和优化升级。

### （二）总体要求和目标任务

1. 总体要求

（1）发挥市场作用。充分发挥市场配置资源的基础性作用，调整和理顺资源性产品价格形成机制，强化税收杠杆调节，努力营造有利于落后产能退出的市场环境。

（2）坚持依法行政。充分发挥法律法规的约束作用和技术标准的门槛作用，严格执行环境保护、节约能源、清洁生产、安全生产、产品质量、职业健康等方面的法律法规和技术标准，依法淘汰落后产能。

（3）落实目标责任。 分解淘汰落后产能的目标任务，明确国务院有关部门、地方各级人民政府和企业的责任，加强指导、督促和检查，确保工作落到实处。

（4）优化政策环境。强化政策约束和政策激励，统筹淘汰落后产能与产业升级、经济发展、社会稳定的关系，建立健全促进落后产能退出的政策体系。

（5）加强协调配合。建立主管部门牵头，相关部门各负其责、密切配合、联合行动的工作机制，加强组织领导和协调配合，形成工作合力。

2.目标任务

以电力、煤炭、钢铁、水泥、有色金属、焦炭、造纸、制革、印染等行业为重点，按照《国务院关于发布实施〈促进产业结构调整暂行规定〉的决定》《产业结构调整指导目录》以及国务院制定的钢铁、有色金属、轻工、纺织等产业调整和振兴规划等文件规定的淘汰落后产能的范围和要求，按期淘汰落后产能。各地区可根据当地产业发展实际，制定范围更宽、标准更高的淘汰落后产能目标任务。

**（三）淘汰落后产能具体措施**

1.分解落实目标责任

（1）工业和信息化部、能源局要根据当前和今后一个时期经济发展形势以及国务院确定的淘汰落后产能阶段性目标任务，结合产业升级要求及各地区实际，商有关部门提出分行业的淘汰落后产能年度目标任务和实施方案，并将年度目标任务分解落实到各省、自治区、直辖市。各有关部门要充分发挥职能作用，抓紧制定限制落后产能企业生产、激励落后产能退出、促进落后产能改造等方面的配套政策措施，指导和督促各地区认真贯彻执行。

（2）各省、自治区、直辖市人民政府要根据工业和信息化部、能源局下达的淘汰落后产能目标任务，认真制定实施方案，将目标任务分解到市、县，落实到具体企业，及时将计划淘汰落后产能企业名单报工业和信息化部、能源局。要切实担负起本行政区域内淘汰落后产能工作的职责，严格执行相关法律、法规和各项政策措施，组织督促企业按要求淘汰落后产能、拆除落后设施装置，防止落后产能转移；对未按要求淘汰落后产能的企业，要依据有关法律法规责令停产或予以关闭。

（3）企业要切实承担起淘汰落后产能的主体责任，严格遵守安全、环保、节能、质量等法律法规，认真贯彻国家产业政策，积极履行社会责任，主动淘汰落后产能。

（4）各相关行业协会要充分发挥政府和企业间的桥梁纽带作用，认真宣传贯彻国家方针政策，加强行业自律，维护市场秩序，协助有关部门做好淘汰落后产能工作。

2.强化政策约束机制

（1）严格市场准入。强化安全、环保、能耗、物耗、质量、土地等指标的约束作用，尽快修订《产业结构调整指导目录》，制定和完善相关行业准入条件和落后产能界定标准，提高准入门槛，鼓励发展低消耗、低污染的先进产能。加强投资项目审核管理，尽快修订《政府核准的投资项目目录》，对产能过剩行业坚持新增产能与淘汰产能"等量置换"或"减量置换"的原则，严格环评、土地和安全生产审批，遏制低水平重复建设，防止新增落后产能。改善土地利用计划调控，严禁向落后产能和产能严重过剩行业建设项目提供土地。支持优势企业通过兼并、收购、重组落后产能企业，淘汰落后产能。

（2）强化经济和法律手段。充分发挥差别电价、资源性产品价格改革等价格机制在淘汰落后产能中的作用，落实和完善资源及环境保护税费制度，强化税收对节能减排的调控功能。加强环境保护监督性监测、减排核查和执法检查，加强对企业执行产品质量标准、能耗限额标准和安全生产规定的监督检查，提高落后产能企业和项目使用能源、资源、环境、土地的成本。采取综合性调控措施，抑制高消耗、高排放产品的市场需求。

（3）加大执法处罚力度。对未按期完成淘汰落后产能任务的地区，严格控制国家安排的投资项目，实行项目"区域限批"，暂停对该地区项目的环评、核准和审批。对未按规定期限淘汰落后产能的企业吊销排污许可证，银行业金融机构不得提供任何形式的新增授信支持，投资管理部门不予审批和核准新的投资项目，国土资源管理部门不予批准新增用地，相关管理部门不予办理生产许可；已颁发生产许可证、安全生产许可证的应依法撤回。对未按规定淘汰落后产能、被地方政府责令关闭或撤销的企业，限期办理工商注销登记，或者依法吊销工商营业执照。必要时，政府相关部门应要求电力供应企业依法对落后产能企业停止供电。

3. 完善政策激励机制

（1）加强财政资金引导。中央财政要利用现有资金渠道，统筹支持各地区开展淘汰落后产能工作。资金安排使用与各地区淘汰落后产能任务相衔接，重点支持解决淘汰落后产能有关职工安置、企业转产等问题。对经济欠发达地区淘汰落后产能工作，通过增加转移支付加大支持和奖励力度。各地区也要积极安排资金，支持企业淘汰落后产能。在资金申报、安排、使用中，要充分发挥工业、能源等行业主管部门的作用，加强协调配合，确保资金安排对淘汰落后产能产生实效。

（2）做好职工安置工作。妥善处理淘汰落后产能与职工就业的关系，认真落实和完善企业职工安置政策，依照相关法律法规和规定妥善安置职工，做好职工社会保险关系转移与接续工作，避免大规模集中失业，防止发生群体性事件。

（3）支持企业升级改造。充分发挥科技对产业升级的支撑作用，统筹安排技术改造资金，落实并完善相关税收优惠和金融支持政策，支持符合国家产业政策和规划布局的企业，运用高新技术和先进适用技术，以质量品种、节能降耗、环境保护、改善装备、安全生产等为重点，对落后产能进行改造。提高生产、技术、安全、能耗、环保、质量等国家标准和行业标准水平，作好标准间的衔接，加强标准贯彻，引导企业技术升级。对淘汰落后产能任务较重且完成较好的地区和企业，在安排技术改造资金、节能减排资金、投资项目核准备案、土地开发利用、融资支持等方面给予倾斜。对积极淘汰落后产能企业的土地开发利用，在符合国家土地管理政策的前提下，优先予以支持。

4.健全监督检查机制

（1）加强舆论和社会监督。各地区每年向社会公告本地区年度淘汰落后产能的企业名单、落后工艺设备和淘汰时限。工业和信息化部、能源局每年向社会公告淘汰落后产能企业名单、落后工艺设备、淘汰时限及总体进展情况。加强各地区、各行业淘汰落后产能工作交流，总结推广、广泛宣传淘汰落后产能工作先进地区和先进企业的有效做法，营造有利于淘汰落后产能的舆论氛围。

（2）加强监督检查。各省、自治区、直辖市人民政府有关部门要及时了解、掌握淘汰落后产能工作进展和职工安置情况，并定期向国家有关部门报告。工业和信息化部、发展改革委、财政部、能源局要组织有关部门定期对各地区淘汰落后产能工作情况进行监督检查，切实加强对重点地区淘汰落后产能工作的指导，并将进展情况报告国务院。

（3）实行问责制。将淘汰落后产能目标完成情况纳入地方政府绩效考核体系，参照《国务院批转节能减排统计监测及考核实施方案和办法的通知》对淘汰落后产能任务完成情况进行考核，提高淘汰落后产能任务完成情况的考核比重。对未按要求完成淘汰落后产能任务的地区进行通报，限期整改。对瞒报、谎报淘汰落后产能进展情况或整改不到位的地区，要依法依纪追究该地区有关责任人员的责任。

5.切实加强组织领导

建立淘汰落后产能工作组织协调机制，加强对淘汰落后产能工作的领导。成立由工业和信息化部牵头，发改委、监察部、财政部、人力资源和社会保障部、国土资源部、环境保护部、农业部、商务部、人民银行、国资委、税务总局、工商总局、质检总局、安全监管总局、银监会、能源局等部门参加的淘汰落后产能工作部际协调小组，统筹协调淘汰落后产能工作，研究解决淘汰落后产能工作中的重大问题，有关部门要认真履行职责，积极贯彻落实各项政策措施，加强沟通配合，共同做好淘汰落后产能的各项工作。地方各级人民政府要健全领导机制，明确职责分工，做到责任到位、措施到位、监管到位，确保淘汰落后产能工作取得明显成效。

### 三、重点行业准入

#### （一）废钢铁加工行业准入条件

1. 企业的设立和布局

（1）废钢铁加工配送企业应符合有关法律法规规定，符合国家产业政策、土地供应政策及本地区土地利用总体规划、城乡建设规划和主体功能区规划的要求，企业建设应有规范化设计要求。

（2）建设废钢铁加工配送项目时，应根据环境影响评价结论，确定厂址及其与周围人群和敏感区域的距离。新建废钢铁加工配送项目原则上应布局在符合相应功能定位的产业园区。在国家法律、法规、规章和规划确定或县级及以上人民政府规定的自然保护区、风景名胜区、饮用水源保护区、基本农田保护区和其他需要特别保护的区域内，不得新建废钢铁加工配送企业。已在上述区域投产运营的废钢铁加工配送企业应根据该区域规划要求，在一定期限内，通过依法搬迁、转产等方式逐步退出。

（3）废钢铁加工配送企业应符合国家土地管理的相关政策和规定，符合国家和本地区土地供应政策，以及禁止和限制用地项目目录、工业项目建设用地控制指标等相关土地使用标准的规定。

2. 规模、工艺和装备

（1）新建普碳废钢铁加工配送企业年废钢铁加工能力必须在15万吨以上；改造、扩建普碳废钢铁加工配送企业年废钢铁加工能力应达到10万吨以上；废旧不锈钢及其他废旧特种钢加工配送企业年加工能力应达到3万吨以上。

改造、扩建普碳废钢铁。

（2）新建普碳废钢铁加工配送企业要求厂区面积不小于3万平方米，作业场地硬化面积不小于1.5万平方米；改造、扩建普碳废钢铁加工配送企业要求厂区面积不小于2万平方米，作业场地硬化面积不小于1万平方米；废旧不锈钢及其他废旧特种钢加工配送企业厂区面积不小于1万平方米，作业场地硬化面积不小于5千平方米。土地使用手续合法（若土地为租用，合同期限不少于15年）。

（3）废钢铁加工配送企业应配有打包设备、剪切设备或破碎设备以及配套装卸设备和车辆等，必须配备辐射监测仪器、电子磅和非钢铁类夹杂物分类设备等。废旧不锈钢及其他废旧特种钢加工配送企业应配备成分检测设备。

（4）废钢铁加工配送企业应选择生产效率高、加工工艺先进、能耗低、环保达标和资源综合利用率高的加工生产系统。必须配套有粉尘收集、污水处理和噪音控制等环境保护设施，加工工艺和设备应满足国家产业政策、禁止和限制用地项目目录的有关要求。

（5）鼓励企业积极开发使用节能、环保、高效的新技术、新工艺、新装备，逐步淘汰鳄鱼剪式剪切机。

3. 产品质量

（1）废钢铁加工产品达到废钢铁国家标准和行业标准。不得销售给生产建筑用钢的工频炉、中频炉企业，以及使用30吨及以下电炉（高合金电炉除外）等落后生产设备的企业。

（2）废钢铁加工配送企业应配备专职质量管理人员，建立质量管理制度。应通过 ISO 质量管理体系认证。

4. 能源消耗和资源综合利用

（1）废钢铁加工配送企业加工生产系统综合电耗应低于30千瓦时／吨废钢铁，新水消耗应低于0.2吨／吨废钢铁。

（2）对加工废钢铁过程中产生的各种夹杂物，如有色金属、塑料、橡胶、木块、纤维、渣土、机油、汽油、氟利昂、电池等，应有相应的回收、处理措施和合法流向，避免二次污染。

5. 环境保护

（1）废钢铁加工配送企业应按照《建设项目环境保护管理条例》，严格执行环境影响评价制度、环境保护"三同时"制度和排污许可制度等环境保护要求。应按照规定申领排污许可证，经有管辖权的环境保护行政主管部门审核同意、领取排污许可证后，方可排污。

（2）按照环境保护主管部门和相关制度规定依法履行环境保护义务，应通过 ISO 环境管理体系认证。

（3）废钢铁加工配送企业应有雨水、生产废水、生活废水的收集和循环利用系统，废水经无害化处理后达标排放，或者排入城市污水集中处理系统处理；应有废油回收储存设备和相关处理措施。废钢铁加工配送企业应有突发环境事件或污染事件应急设施和处理预案，消防设施应达到国家相关要求。

6. 人员培训

废钢铁加工配送企业应制定完善的岗位操作守则和工作流程，明确人员岗位责任和工作权限，对大型破碎机、门式剪切机、抓钢机等大型设备操作人员和质量检验等关键岗位人员必须进行相关岗位技能培训，取得相关部门或机构颁发的对应工种职业技能证书，逐步实行持证上岗制度。鼓励企业组织人员参加行业培训，提高企业人员素质。

7. 安全生产、职业健康和社会责任

（1）废钢铁加工配送企业应符合国家安全生产法、职业病防治法等法律法规规定，具备相应的安全生产、劳动保护和职业危害防治条件，对作业环境的粉尘、噪声等进行有效治理，达到国家卫生标准，配备有相应的安全防护设施和安全管理人员，建立、健全安全生产责任制，开展安全生产标准化建设，并按规定限期达标。

（2）废钢铁加工配送企业安全设施和职业危害防治设施必须与主体工程同时设计、同时施工、同时投入生产和使用；安全设施设计、投入生产和使用前，应依法经过安全生产监督管理部门审查、验收。

（3）废钢铁加工配送企业的作业环境应满足《工业企业设计卫生标准》和《工业场所有害因素职业接触限值》的要求。

（4）废钢铁加工配送企业应有健全的安全生产组织管理体系，应有职工安全生产培训制度和安全生产检查制度。

（5）废钢铁加工配送企业用工制度应符合劳动合同法规定。

8. 监督管理

（1）废钢铁加工配送企业建设项目应当符合准入条件要求。各有关部门在对废钢铁加工配送企业进行投资管理、土地供应、信贷融资、安全许可、生产许可等工作应以准入条件为依据。

（2）各级工业和信息化主管部门会同环境保护等有关部门对废钢铁加工配送企业执行准入条件的情况进行监督检查。相关行业协会协助国家有关部门做好监督和管理工作，对废钢铁加工配送企业的经营管理模式、技术工艺、发展规划以及与钢铁企业之间建立配送机制进行指导。

（3）各级工业和信息化主管部门要加强对废钢铁加工行业的管理，督促现有企业加快技术改造，规范各项管理，达到准入条件规定的各项标准要求。

（4）工业和信息化部在征求环境保护部等有关部门意见后，负责公告符合准入条件的企业名单，实行社会监督并进行动态管理。

（5）充分发挥社会舆论督导作用，让社会公众广泛参与监督，加快行业淘汰落后产能和产业升级。

（二）轮胎行业准入条件

1. 企业布局

新建和改扩建轮胎项目必须符合国家产业规划和产业政策，符合地区生态环境规划和土地利用总体规划要求，应在依法设立的工业园区内建设，项目应符合园区总体规划和环境要求，有充足的水资源、环境容量，和较好的运输条件、三废处理条件。

禁止在依法设立的风景名胜区、自然保

轮胎配置器

护区、文化遗产保护区、饮用水源保护区、居民住宅密集区和其他需要特殊保护的区域内新建轮胎生产企业。

2. 工艺、质量和装备

（1）鼓励发展节能、环保、安全的绿色轮胎。

（2）轮胎生产企业应设立或具有可稳定依托的轮胎研发创新机构。

（3）新建、改扩建轮胎项目鼓励采用自主知识产权技术。鼓励选用先进的热胶烟气收集治理环保技术；一次法混炼、充氮硫化、分压供蒸气等节能技术；轮胎成型、硫化全自动化等信息化技术。

（4）轮胎产品应符合《轿车轮胎》GB9743、《载重汽车轮胎》GB9744、《工程机械轮胎》GB/T1190 的相关标准。

3. 能源和资源消耗

（1）轮胎生产企业应当具备健全的能源管理体系，加强能源计量管理，按规定配备和使用经校准、符合预期使用要求的能源计量器具，鼓励建立能源管理中心。

（2）轮胎生产企业能耗应满足《轮胎单位产品能源消耗限额》GB29449 要求，并且要定期开展能效和资源消耗对标达标检查。

（3）新建轮胎生产企业新鲜水消耗量应低于7 吨 /（吨轮胎产品），现有企业应低于8 吨 /（吨轮胎产品）。

（4）新建轮胎生产企业的橡胶消耗应满足：载重汽车子午线轮胎低于0.53(吨三胶 )/（吨轮胎产品），轻型载重汽车子午线轮胎和轿车子午线轮胎低于0.45(吨三胶 )/（吨轮胎产品），工程机械轮胎低于0.49(吨三胶 )/（吨轮胎产品）。

现有企业的橡胶消耗应满足：载重汽车子午线轮胎低于0.54(吨三胶 )/（吨轮胎产品），轻型载重汽车子午线轮胎和轿车子午线轮胎低于0.46(吨三胶 )/（吨轮胎产品），工程机械轮胎低于0.51(吨三胶 )/（吨轮胎产品）。

（5）新建轮胎生产企业工业用水重复利用率应高于95%，工业固体废物综合利用率应高于97%。现有轮胎生产企业工业用水重复利用率应高于90%，工业固体废物综合利用率应高于95%。

4. 环境保护

（1）企业应当遵守环境保护法、环境影响评价法等法律法规，建立健全环境保护管理体系。现有、新建、改扩建轮胎生产装置污水和大气污染物排放应严格执行《橡胶制品工业污染物排放标准》GB27632。固体废物处理和处置达到国家固体废物污染控制标准。有地方排放标准的，执行地方标准。按要求开展清洁生产审核，并通过评估验收。

（2）新建、改扩建轮胎生产企业，必须委托有资质的评价单位按照环境影响评价法等有关法律法规要求，编制项目环境影响评价文件并依法通过审批。污染防治措施必须与主体工程同时设计、同时施工和同时投入使用，执行建设项目竣工环境保护验收制度，制定并报备突发环境事件应急预案。

（3）新建和改扩建轮胎生产企业应按照环境影响报告书（表）及其批复、国家或地方污染物排放（控制）标准、环境监测技术规范的要求，制定自行监测方案，开展监测工作并依法公开监测信息。

5.安全生产和职业卫生

（1）企业应当遵守安全生产法、职业病防治法等法律法规，建立安全生产管理体系，健全安全生产责任制和有效的安全生产管理制度；具备国家有关法律、法规和标准规定的安全生产、职业卫生防护条件；加强职工安全生产教育培训和隐患排查治理工作，开展安全生产标准化建设并达到三级及以上。

（2）新建、改扩建工程项目的安全设施和职业病防护设施必须与主体工程同时设计、同时施工、同时投入生产和使用。企业应落实职业病防治措施，定期对工作场所进行职业病危害因素监测、评价，依法开展职业健康监护。

（三）焦化行业准入条件

为促进焦化行业结构调整和转型升级，引导和规范焦化企业投资和生产经营，依据国家有关法律法规、产业政策和标准规范，按照"总量控制、科学规划、合理布局、节约能（资）源、保护环境、技术进步、创新转型"的原则，2014年，工业和信息化部制定《焦化行业准入条件》。

1.适用范围

适用于新（改、扩）建焦化企业，包括炼焦、焦炉煤气制甲醇、煤焦油加工、苯精制生产企业。

2.生产布局

（1）新（改、扩）建焦化项目必须符合国家和省（区、市）主体功能区规划、区域规划、行业发展规划、城市建设发展规划、城市环境总体规划、土地利用规划、节能减排规划、环境保护和污染防治规划等规划的要求。

（2）炼焦项目建设应根据当地资源、能源状况，以及环境容量、市场需求情况，落实新增产能与淘汰产能等量或减量置换方案。

（3）新（改、扩）建焦化企业必须在依法设立、环境保护基础设施齐全并经规划环评的产业园区内布设。在城市规划区边界外2公里（现有城市居民供气项目和钢铁生产企业厂区内配套项目除外）以内，生态环境承载力较弱的近岸海域岸线（大型钢铁生产企业厂区内配套项目除外）、主要河流两岸、高速公路两旁和其他严防污染的食品、药品等企业周边1公里以内，依法设立的自然保护区、风景名胜区、文化遗产保护区、世界文化自然遗产和森林公园、地质公园、湿地公园等保护地以及饮用水水源保护区内，不得建设焦化企业。已在上述区域内投产运营的焦化企业，要根据该区域规划要求，在一定期限内，通过"搬迁、转产"等方式逐步退出。

（4）炼焦企业卫生防护距离应符合《炼焦业卫生防护距离标准》（GB11661-2012）的要求。焦炉煤气制甲醇、煤焦油加工、苯精制生产企业卫生防护距离应符合相关国家标准或规范要求。

3. 工艺与装备

（1）主体装备及生产能力符合法定标准。

（2）环保、安全、综合利用设施配套到位。

4. 产品质量执行特定标准

5. 资（能）源消耗符合法定限额

6. 环境保护

（1）焦化企业污染物排放须达到国家和地方污染物排放标准，并满足主要污染物排放总量要求。

（2）焦化项目应严格执行环境影响评价制度并按规定取得主要污染物排放总量指标。环境保护设施必须与主体工程同时设计、同时施工、同时投产使用。

（3）焦化企业应严格执行大气、污水排放标准和固体废物污染防治法律法规、危险废物处理处置的有关要求，做到达标排放。

（4）焦化企业应按照国家和地方污染物排放标准，结合行业特点及主要污染物总量减排工作的需要，自行制定监测方案，对污染物排放状况和污染防治设施运行情况开展监测和监控，保存原始记录，建立废气废水排放量、固体废物产生量和处理（处置）量等台账。

（5）焦化企业应对生产、使用的危险化学品实施环境管理登记。应当按规定建立环境应急管理组织体系，开展环境风险评估，编制突发环境事件应急预案并定期开展演练，加强应急救援队伍建设及物资储备，严格落实各项环境风险防控措施，定期排查治理环境安全隐患。

7. 安全生产和职业卫生

（1）焦化企业应严格执行安全生产相关法律法规、标准规范，遵守危险化学品安全生产监督管理的规定和要求，建立健全安全生产责任制，制定完备的安全生产规章制度，并为从业人员配备符合国家标准或行业标准的劳动保护用品。

（2）焦化企业应严格执行危险化学品建设项目安全设计管理规定，加强建设项目安全设计管理，提升企业本质安全水平；严格执行《危险化学品建设项目安全监督管理办法》《建设项目职业病防护设施"三同时"监督管理办法》等有关法规规定，落实建设项目安全和职业卫生"三同时"制度。

（3）对涉及重点监管危险化学品、重点监管危险化工工艺的生产储存装置，焦化企业应严格按照有关规定，完善自动化控制设施；对构成重大危险源的生产储存装置，焦化企业应严格执行《危险化学品重大危险源监督管理暂行规定》，建立健全监测监控体系，制定重大危险源应急预案并加强演练。

（4）焦化企业应严格执行《危险化学品生产企业安全生产许可证实施办法》，依法取得安全生产许可证。

### （四）电石行业准入条件

为进一步遏制盲目投资，化解产能过剩矛盾，引导电石行业规范健康发展，根据国家有关法律法规和产业政策，按照调整结构、有效竞争、节能降耗、保护环境和安全生产的总体要求，2014年，工业和信息化部修订了《电石行业准入条件》。

1. 生产企业布局

省级工业主管部门要按照"人口资源环境相均衡，经济社会生态效益相统一"的原则，综合考虑资源储量、能源供应、环境容量和市场需求，重点按照上下游配套发展的理念对电石生产企业进行兼并重组和布局优化，不再新增孤立的电石生产厂点。

（1）特定区域不得有电石生产装置存在。在国务院、国家有关部门和省（自治区、直辖市）人民政府规定的风景名胜区、自然保护区、饮用水源保护区、大气污染防治重点控制区和其他需要特别保护的区域内，城市规划区、煤炭资源区边界外2公里以内，主要河流两岸、公路、铁路、水路干线两侧，居民区、文化办公区、学校、医院、养老院、疗养院、商住混合场所等人员密集场所和其他严防污染的食品、药品、精密制造产品等企业周边1公里以内，不得有电石生产装置存在。

（2）新建或改扩建电石生产装置必须进入工业园区，并有相应的下游产业与之配套；现有电石生产企业要在2020年底前进入工业园区，并就近与下游产业形成紧密关联关系，以使电石生产产生的污染物、副产物、剩余物等能够得到综合治理和利用。

2. 规模、工艺与装备

对电石产能实行总量控制。原则上禁止新建电石项目，新增电石生产能力必须实行等量或减量置换，且被置换产能须在新产能建成前予以拆除。强化技术进步，加快落后产能淘汰。

3. 能源消耗和资源综合利用

（1）电石生产装置要达到法定标准。电石单位产品能源消耗限额按照国家标准执行。

（2）电石炉炉气必须100%回收和综合利用，鼓励用于生产高附加值的化工产品。

（3）生产界区内的粉料必须综合利用。

（4）鼓励对电石生产中的显热和余热进行回收利用。技术成熟的情况下，新建和改扩建电石生产装置必须对显热和余热进行回收利用。

4. 环境保护

（1）新建或改扩建电石生产装置，必须依法进行环境评价。

（2）固体废物的处理处置应符合有关法律和国家环境保护标准的规定。

（3）原料进厂、加工、输送和产品包装等易产生扬尘的环节，必须设置相应的收尘、抑尘设施；电石炉炉盖以上不得有火焰溢出；出炉口必须设置烟尘收集装置。电石炉正常生产过程中不得有烟尘无组织排放。

（4）电石企业必须遵守环保有关监测和信息公开管理制度。

5. 安全生产

（1）电石生产企业应当具备有关安全生产的法律、行政法规、国家标准和行业标准规定的安全生产条件，并遵守危险化学品安全生产监督管理的规定和要求。

（2）新建或改扩建电石生产装置，基础设计阶段必须开展 HAZOP（危险与可操作性）分析，必须依法进行安全评价和审查。厂房、作业场所和安全设施、设备、工艺必须符合有关安全生产法律、法规、标准和规程的要求。

（3）电石生产企业的生产装置和构成重大危险源的储存设施与《危险化学品安全管理条例》规定的重要场所、区域的距离，工厂、仓库的周边防护距离，应符合国家标准或者国家有关规定。

（4）企业必须编制《开炉方案》，对电石炉（包括炉体、炉盖、烟道、下料系统、液压系统、电极系统、短网导电系统、绝缘系统）、炉气净化、输送和缓冲系统、高低压供电系统、仪表自控系统、原料筛分输送系统、炭材烘干系统、冷却水循环系统、出炉系统进行验收，并填写《验收确认表》备查。必须编制《炉内漏水应急预案》和《电极软、硬断应急预案》。

（5）企业必须建立健全安全生产责任制，配备专职安全生产管理人员，为从业人员配备符合国家标准或者行业标准的劳动防护用品，从业人员经安全生产教育和培训合格方可上岗。必须制定完备的安全生产规章制度和操作规程，必须有重大危险源检测、评估、监控措施和生产安全事故应急救援预案、应急救援组织或者应急救援人员，配备必要的应急救援器材、设备。

6. 监督与管理

（1）新建和改扩建电石生产项目的投资管理、土地供应、环境影响评价、节能评估审查、安全评价、信贷融资等必须依据本准入条件。新建或改扩建电石项目的核准或备案、环境影响评价、节能评估审查和安全评价必须按照相关规定和管理权限进行审批。项目开工必须获得备案、土地、环保、节能、安全、信贷等有效认可或批复后方可建设，并及时向社会公示。

项目建设要由具备相应专业资质的设计部门和施工单位进行设计和施工。

（2）新建或改扩建电石项目建成投产前，要经省级及以上工业、土地、环保、质检、安全监管等部门和行业协会组成的联合检查组，按照本准入条件要求进行监督检查。对不符合准入条件的项目，国土资源管理部门不得提供土地，环保部门不得办理环保审批手续，安全监管部门不得实施安全许可，金融机构不得提供信贷支持，电力供应部门依法停止供电。

（3）对不符合本准入条件的新建或改扩建电石生产企业，有关部门不予发放《生产许可证》、《安全生产许可证》和《排污许可证》。地方人民政府或相关主管部门依法决定撤销或责令关闭的企业，工商行政管理部门依法责令其办理变更登记或注销登记。

（4）中国电石工业协会以及地方电石协会要宣传国家产业政策，加强行业自律，协助政府有关部门做好行业监督、管理工作。

## 多部门联合推动落后产能退出

2017年2月，工业和信息化部、国家发展和改革委员会、国家安全生产监督管理总局、国家能源局等16个部门发布《关于利用综合标准依法依规推动落后产能退出的指导意见》。

一、工作目标

以钢铁、煤炭、水泥、电解铝、平板玻璃等行业为重点，通过完善综合标准体系，严格常态化执法和强制性标准实施，促使一批能耗、环保、安全、技术达不到标准和生产不合格产品或淘汰类产能（以上即为落后产能），依法依规关停退出，产能过剩矛盾得到缓解，环境质量得到改善，产业结构持续优化升级；通过落实部门联动和地方责任，构建多标准、多部门、多渠道协同推进工作格局。

二、主要任务

（一）能耗方面

严格执行节约能源法，对达不到强制性能耗限额标准要求的产能，应在6个月内整改；确需延长整改期限的，可提出不超过3个月的延期申请；逾期未整改或经整改仍未达标的，依法关停退出。

（二）环保方面

严格执行环境保护法律法规，对超过大气和水等污染物排放标准排污、违反固体废物管理法律法规，以及超过重点污染物总量控制指标排污的企业，责令采取限制生产、停产整治等措施；情节严重的，报经有批准权的人民政府批准，责令停业、关闭。

（三）质量方面

严格执行产品质量法，对相关产品质量达不到强制性标准要求的产能，依法查处并责令停产整改；在6个月内未整改或经整改仍未达标的，报经有批准权的人民政府依法关停退出。

（四）安全方面

严格执行安全生产法，对安全生产条件达不到相关法律、行政法规和国家标准或行业标准要求的产能，立即停产停业整顿；经停产停业整顿仍不具备安全生产条件的，予以关闭；有关部门应当吊销其相关证照。

（五）技术方面

按照有关产业政策规定，淘汰相关工艺技术装备，须拆除相应主体设备。具备拆除条件的应立即拆除；暂不具备拆除条件的，应立即断水、断电，拆除动力装置，封存主体设备（生产线），企业向社会公开承诺不再恢复生产，同时在省级人民政府或省级主管部门网站公告，接受社会监督，并限时拆除。严厉打击违法生产和销售"地条钢"行为，依法全面拆除生产建筑用钢的工频炉、中频炉等装备。

（六）产能退出

通过依法关停、停业、关闭、取缔整个企业，或采取断电、断水，拆除动力装置，封存主体设备等措施淘汰相关主体设备（生产线），使相应产能不再投入生产。

三、政策措施

（一）加大资金扶持

充分利用工业企业结构调整专项奖补资金、差别电价加价收入和省级淘汰落后产能专项奖励资金等，对符合条件的企业职工安置、转产转型等予以支持。

（二）加大技术扶持

加强规划引导和行业准入（规范）管理，通过先进适用技术的推广，引导企业进行技术改造升级，降低产能改造成本，提高运营效率。

（三）执行价格政策

对钢铁、水泥、电解铝等行业能耗、电耗达不到强制性标准的产能，以及属于《产业结构调整指导目录（2011年本）（修正）》淘汰类的产能，执行差别电价、阶梯电价、惩罚性电价和超定额用水累进加价等差别化能源资源价格。

（四）落实差别化信贷政策

落实有保有控的金融政策，对有效益、有前景，且主动退出低端低效产能、化解过剩产能、实施兼并重组的企业，按照风险可控、商业可持续原则，积极予以信贷支持。对未按期退出落后产能的企业，严控新增授信，压缩退出存量贷款。运用市场化手段妥善处置企业债务和银行不良资产。

（五）做好职工安置

要把职工安置作为去产能工作的重中之重，指导企业落实主体责任，依法妥善处理劳动关系，制定好职工安置方案和风险处置预案。落实促进自主创业、鼓励企业吸纳就业和帮扶困难人员就业等各项政策，做好社保关系接续和转移，按规定落实好社会保障待遇。加强职业介绍和技能培训，增强失业人员的再就业能力。

（六）盘活土地资源

产能退出后的划拨用地，可依法转让或由地方政府收回，地方政府收回原划拨土地使用权后的土地出让收入，可按规定通过预算安排支付产能退出企业职工安置费用。退出后的工业用地，在符合城乡规划的前提下，可用于转产发展第三产业，其中转产为生产性服务业等国家鼓励发展行业的，可在5年内继续按原用途和土地权利类型使用土地。

（七）严格执法监管

加大节能监察力度，全面调查重点行业能源消耗情况，严格依法处置主要工序或单位产品能源消耗不达标的企业。

强化环保执法，督促企业全面落实环保法律法规，严格依法处理环境违法行为，进一步完善污染源自动监控系统；纳入排污许可证管理的所有企事业单位必须按期持证排污、按证排污，不得无证排污。

加强产品质量管理执法，全面调查生产许可获证企业生产状况和生产条件，严厉打击无证生产等违法行为。对因工艺装备落后、环保和能耗不达标被依法关停的企业，注销生产许可证。

严格安全生产监督执法，组织检查重点行业安全生产情况，依法查处不具备安全生产条件的企业。

（八）强化惩戒约束

对未按期完成落后产能退出的企业，由相关部门将有关信息纳入全国信用信息共享平台，并在"信用中国"网站等平台公布，在土地供应、资金支持、税收管理、生产许可、安全许可、债券发行、融资授信、政府采购、公共工程建设项目投标等方面，依法依规实施联合惩戒和信用约束。

# 第二节　循环经济开发

循环经济是指在人、自然资源和科学技术的大系统内，在资源投入、企业生产、产品消费及其废弃的全过程中，把传统的依赖资源消耗的线形增长的经济，转变为依靠生态型资源循环来发展的经济。其目的是通过资源高效和循环利用，实现污染的低排放甚至零排放，保护环境，实现社会、经济与环境的可持续发展。

## 一、节约能源

### （一）能源与节约能源

能源，是指煤炭、石油、天然气、生物质能和电力、热力以及其他直接或者通过加工、转换而取得有用能的各种资源。

节约能源是指加强用能管理，采取技术上可行、经济上合理以及环境和社会可以承受的措施，从能源生产到消费的各个环节，降低消耗、减少损失和污染物排放、制止浪费，有效、合理地利用能源。

### （二）节约资源是我国的基本国策

节约资源是我国的基本国策。国家实施节约与开发并举、把节约放在首位的能源发展战略。国家鼓励、支持开发和利用新能源、可再生能源。

#### 1. 规划

国务院和县级以上地方各级人民政府应当将节能工作纳入国民经济和社会发展规划、年度计划，并组织编制和实施节能中长期专项规划、年度节能计划。

#### 2. 报告

国务院和县级以上地方各级人民政府每年向本级人民代表大会或者其常务委员会报告节能工作。

#### 3. 考评

国家实行节能目标责任制和节能考核评价制度，将节能目标完成情况作为对地方人民政府及其负责人考核评价的内容。

省、自治区、直辖市人民政府每年向国务院报告节能目标责任的履行情况。

国家实行固定资产投资项目节能评估和审查制度。不符合强制性节能标准的项目，建设单位不得开工建设；已经建成的，不得投入生产、使用。政府投资项目不符合强制性节能标准的，依法负责项目审批的机关不得批准建设。具体办法由国务院管理节能工作的部门会同国务院有关部门制定。

#### 4. 限制

国家实行有利于节能和环境保护的产业政策，限制发展高耗能、高污染行业，发展节能环保型产业。

5. 监管

（1）加强管理。国务院和县级以上地方各级人民政府应当加强对节能工作的领导，部署、协调、监督、检查、推动节能工作。

（2）合理调整。国务院和省、自治区、直辖市人民政府应当加强节能工作，合理调整产业结构、企业结构、产品结构和能源消费结构，推动企业降低单位产值能耗和单位产品能耗，淘汰落后的生产能力，改进能源的开发、加工、转换、输送、储存和供应，提高能源利用效率。

（3）淘汰。禁止生产、进口、销售国家明令淘汰或者不符合强制性能源效率标准的用能产品、设备；国家对落后的耗能过高的用能产品、设备和生产工艺实行淘汰制度，禁止使用国家明令淘汰的用能设备、生产工艺。

（4）限额标准。 生产过程中耗能高的产品的生产单位，应当执行单位产品能耗限额标准。对超过单位产品能耗限额标准用能的生产单位，由管理节能工作的部门按照国务院规定的权限责令限期治理。

（三）节能管理

1. 工业节能

（1）优化用能结构。国务院和省、自治区、直辖市人民政府推进能源资源优化开发利用和合理配置，推进有利于节能的行业结构调整，优化用能结构和企业布局。

（2）高耗能企业节能。国务院管理节能工作的部门会同国务院有关部门制定电力、钢铁、有色金属、建材、石油加工、化工、煤炭等主要耗能行业的节能技术政策，推动企业节能技术改造。

（3）综合利用。国家鼓励工业企业采用高效、节能的电动机、锅炉、窑炉、风机、泵类等设备，采用热电联产、余热余压利用、洁净煤以及先进的用能监测和控制等技术。禁止新建不符合国家规定的燃煤发电机组、燃油发电机组和燃煤热电机组。

2. 建筑节能

（1）建筑节能设计。建筑工程的建设、设计、施工和监理单位应当遵守建筑节能标准。不符合建筑节能标准的建筑工程，建设主管部门不得批准开工建设；已经开工建设的，应当责令停止施工、限期改正；已经建成的，不得销售或者使用。建设主管部门应当加强对在建建筑工程执行建筑节能标准情况的监督检查。

（2）商品房节能信息标注。房地产开发企业在销售房屋时，应当向购买人明示所售房屋的节能措施、保温工程保修期等信息，在房屋买卖合同、质量保证书和使用说明书中载明，并对其真实性、准确性负责。

（3）室温控制。使用空调采暖、制冷的公共建筑应当实行室内温度控制制度。

（4）分户供热。国家采取措施，对实行集中供热的建筑分步骤实行供热分户计量、按照用热量收费的制度。新建建筑或者对既有建筑进行节能改造，应当按照规定安装用热计量装置、室内温度调控装置和供热系统调控装置。

（5）控制装饰性景观能耗。县级以上地方各级人民政府有关部门应当加强城市节约用电管理，严格控制公用设施和大型建筑物装饰性景观照明的能耗。

（6）可再生能源利用。国家鼓励在新建建筑和既有建筑节能改造中使用新型墙体材料等节能建筑材料和节能设备，安装和使用太阳能等可再生能源利用系统。

3. 交通运输节能

国家鼓励开发、生产、使用节能环保型汽车、摩托车、铁路机车车辆、船舶和其他交通运输工具，实行老旧交通运输工具的报废、更新制度。

国家鼓励开发和推广应用交通运输工具使用的清洁燃料、石油替代燃料。

国务院有关部门制定交通运输营运车船的燃料消耗量限值标准；不符合标准的，不得用于营运。

国务院有关交通运输主管部门应当加强对交通运输营运车船燃料消耗检测的监督管理。

4. 公共机构节能

公共机构应当厉行节约，杜绝浪费，带头使用节能产品、设备，提高能源利用效率。

公共机构采购用能产品、设备，应当优先采购列入节能产品、设备政府采购名录中的产品、设备。禁止采购国家明令淘汰的用能产品、设备。

5. 重点用能单位节能

国家加强对重点用能单位的节能管理。

下列用能单位为重点用能单位：

（1）年综合能源消费总量一万吨标准煤以上的用能单位；

（2）国务院有关部门或者省、自治区、直辖市人民政府管理节能工作的部门指定的年综合能源消费总量五千吨以上不满一万吨标准煤的用能单位。

重点用能单位应当每年向管理节能工作的部门报送上年度的能源利用状况报告。能源利用状况包括能源消费情况、能源利用效率、节能目标完成情况和节能效益分析、节能措施等内容。

## 二、可再生能源

可再生能源，是指风能、太阳能、水能、生物质能、地热能、海洋能等非化石能源。

（一）可再生能源开发

国家将可再生能源的开发利用列为能源发展的优先领域，通过制定可再生能源开发利用总量目标和采取相应措施，推动可再生能源市场的建立和发展。

国家鼓励各种所有制经济主体参与可再生能源的开发利用，依法保护可再生能源开发利用者的合法权益。

（二）可再生能源管理

国务院能源主管部门对全国可再生能源的开发利用实施统一管理。国务院有关部门在各自的职责范围内负责有关的可再生能源开发利用管理工作。

县级以上地方人民政府管理能源工作的部门负责本行政区域内可再生能源开发利用的管理工作。县级以上地方人民政府有关部门在各自的职责范围内负责有关的可再生能源开发利用管理工作。

（三）资源调查与发展规划

1. 资源调查

国务院能源主管部门负责组织和协调全国可再生能源资源的调查，并会同国务院有关部门组织制定资源调查的技术规范。

国务院有关部门在各自的职责范围内负责相关可再生能源资源的调查，调查结果报国务院能源主管部门汇总。

2. 资源规划

（1）全国规划。国务院能源主管部门会同国务院有关部门，根据全国可再生能源开发利用中长期总量目标和可再生能源技术发展状况，编制全国可再生能源开发利用规划，报国务院批准后实施。

（2）省级规划。省、自治区、直辖市人民政府管理能源工作的部门会同本级人民政府有关部门，依据全国可再生能源开发利用规划和本行政区域可再生能源开发利用中长期目标，编制本行政区域可再生能源开发利用规划，经本级人民政府批准后，报国务院能源主管部门和国家电力监管机构备案，并组织实施。

（3）规划原则。编制可再生能源开发利用规划，应当遵循因地制宜、统筹兼顾、合理布局、有序发展的原则，对风能、太阳能、水能、生物质能、地热能、海洋能等可再生能源的开发利用作出统筹安排。规划内容应当包括发展目标、主要任务、区域布局、重点项目、实施进度、配套电网建设、服务体系和保障措施等。

（四）推广与应用

1. 并网发电

国家鼓励和支持可再生能源并网发电。建设可再生能源并网发电项目，应当依照法律和国务院的规定取得行政许可或者报送备案。

### 2. 全额保障性收购

国家实行可再生能源发电全额保障性收购制度。国务院能源主管部门会同国家电力监管机构和国务院财政部门，按照全国可再生能源开发利用规划，确定在规划期内应当达到的可再生能源发电量占全部发电量的比重，制定电网企业优先调度和全额收购可再生能源发电的具体办法，并由国务院能源主管部门会同国家电力监管机构在年度中督促落实。

电网企业应当与按照可再生能源开发利用规划建设，依法取得行政许可或者报送备案的可再生能源发电企业签订并网协议，全额收购其电网覆盖范围内符合并网技术标准的可再生能源并网发电项目的上网电量。发电企业有义务配合电网企业保障电网安全。

### 3. 建设可再生能源独立电力系统

国家扶持在电网未覆盖的地区建设可再生能源独立电力系统，为当地生产和生活提供电力服务。

### 4. 发展能源作物

国家鼓励清洁、高效地开发利用生物质燃料，鼓励发展能源作物。

利用生物质资源生产的燃气和热力，符合城市燃气管网、热力管网的入网技术标准的，经营燃气管网、热力管网的企业应当接收其入网。

国家鼓励生产和利用生物液体燃料。石油销售企业应当按照国务院能源主管部门或者省级人民政府的规定，将符合国家标准的生物液体燃料纳入其燃料销售体系。

### 5. 太阳能利用

国家鼓励单位和个人安装和使用太阳能热水系统、太阳能供热采暖和制冷系统、太阳能光伏发电系统等太阳能利用系统。

## 三、稀土管理

稀土是不可再生的重要战略资源，是改造传统产业、发展新兴产业及国防科技工业不可或缺的关键元素。随着世界科技革命和产业变革的不断深化，稀土在国民经济和社会发展中的应用价值将进一步提升。

### （一）基本原则

目前，我国稀土行业发展仍存在一些问题，主要表现在：资源保护仍需加强，私挖盗采、买卖加工非法稀土矿产品、违规生产等问题时有发生；持续创新能力不强，核心专利受制于人，基础研究整体实力有待提升；结构性矛盾依然突出，上游冶炼分离产能过剩，下游高端应用产品相对不足，元素应用不平衡；相关法律体系仍不完善，一些地方政府监管责任尚未完全落到实处。加强稀土管理应该坚持以下原则：

1. 坚持创新发展

以科技创新为核心，强化企业主体地位，完善"政产学研用"相结合的创新体系，加快两化融合进程，突破关键核心技术制约，创建一批标志性产品和品牌。

2. 坚持协调发展

以市场需求为牵引，优化产业结构，拓展稀土应用领域，强化稀土新材料、器件与终端应用市场的衔接，实现上下游产业同步转型升级；加强信息共享，完善政策法规体系，提高国家和地方政策措施的配套性。

3. 坚持绿色发展

加快资源综合利用技术研发和清洁生产改造，推广绿色低碳发展模式，发展循环经济，减少污染物产生和排放，提高资源能源利用率，拓展稀土材料在节能环保领域应用。

4. 坚持开放发展

统筹国内国际"两种资源、两个市场"，促进引资与引智并举，支持有条件的企业开展境外矿产资源开发和应用产业合作，推动中国稀土标准国际化，提高国际竞争力。

5. 坚持共享发展

加强稀土资源保护，保障国家长远发展需求，推动稀土资源地产业转型升级，实现企业利益诉求、地方经济发展与国家战略意志的有机统一，保持市场供需平衡，实现高值化利用，促进稀土产业与关联产业协同发展。

（二）重点任务

1. 强化资源和生态保护，促进可持续发展

（1）加强稀土资源管理。加强国家对稀土资源勘查、开发、利用的统一规划，根据资源形势和市场需求，合理调控开采、生产总量，保障国家经济安全和长远发展需要，到2020年稀土年度开采量控制在14万吨以内。

（2）加强资源地生态保护。严格执行国家和地方污染物排放标准，对建设项目和企业环评严格审查，坚决淘汰落后产能。推广采用采矿新技术、新工艺，落实稀土矿山地质环境保护与治理恢复保证金制度和经济责任，加强尾矿库处理处置与综合利用，实行生产排污许可证制度；推广离子型稀土矿浸萃一体化、冶炼分离污染防治新技术，促进行业清洁生产。建立稀土绿色开发

促进可持续发展。

机制，落实行业规范条件，全面推行稀土行业强制性清洁生产审核。

2.加快绿色化和智能化转型，构建循环经济

大力研发稀土资源绿色高效采选和冶炼分离新技术和重点装备，加大离子型稀土原矿绿色高效浸萃一体化、低碳低盐无氨氮分离提纯等稀土采选、冶炼分离清洁生产新工艺的推广力度，加快企业生产技术和工艺装备优化升级，进一步提高生产、环保等技术水平，降低能耗物耗，实现废水零排放和废物资源化利用，严格职业卫生防护管理。发展循环经济，加强尾矿资源、伴生资源的综合利用，研发废旧稀土产品再利用成套技术，建立健全回收制度，完善稀土回收利用体系，提升稀土资源综合利用水平。

（三）保障措施

1.发挥协调机制作用

进一步发挥稀有金属部际协调机制作用，继续贯彻落实《国务院关于促进稀土行业持续健康发展的若干意见》要求，统筹研究解决跨部门、跨地区重大问题，加强稀土行业发展规划与科技、财税、国土资源、金融等政策的配套与衔接，完善行业统计监测和信息披露体系。发挥协会、学会等中介组织作用，引导会员单位加强自律，规范经营，有序竞争。

2.完善政策法规体系

（1）完善法律体系。推动出台《稀有金属管理条例》，制定相应稀土管理细则，完善配套规章制度，明确地方政府和部门责任，形成完善的稀土行业管理法律制度体系。

（2）产品追溯系统。建立稀土产品追溯系统，覆盖生产、流通、出口各环节，严肃查处各类违法违规行为。

（3）总量控制管理。完善稀土开采、生产总量控制管理办法、稀土行业规范条件等相关政策，继续严格稀土开采、生产总量控制管理。

（4）产品储备体系。建立健全政府储备与企业储备互为补充的稀土产品储备体系，稳定市场价格，保障国家战略资源安全。

（5）产业链监管体系。建立稀土出口企业社会责任报告制度和信用黑名单制度。健全稀土全产业链监管体系，实现对稀土产品全流程、多维度监管。发挥地方政府作用，切实承担监管主体责任，实现稀土市场秩序整顿工作常态化。建立稀土企业"黑白"名单制度，实施行业规范动态管理，加强事中事后监管，对存在超计划生产、违反规范条件等问题的已公告企业，及时撤销公告资格，促进部门间政策联动，倒逼违法违规企

业和低效产能退出。

（6）严厉打击违法行为。严厉打击稀土生产违法违规行为，在开发中保护，在保护中开发。严格市场准入制度，除六家大型稀土企业集团外不再新增采矿权。加强对中重稀土元素的开采、生产、流通等全产业链管理，坚决打击稀土违法违规生产和出口走私、逃避缴纳税款等行为。

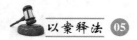

以案释法 05

## 海南琼中非法盗采稀土矿案

稀土是极其重要的战略资源。在海南琼中某偏僻而人烟稀少的村镇，一伙人以谎称种蘑菇的方式骗租土地，钻出千个洞眼盗采稀土，不仅造成53.86吨稀土矿产资源被破坏，还严重影响周边村庄的生态环境。

2015年6月，黄某、廖某为牟取非法利益，策划在海南无证擅自开采稀土矿出售，在冯某、袁某的带领下在海南省琼中某僻处山地探测到了稀土矿产。

为了实施采矿作业，2015年7月，黄某、廖某等五人共同出资200万元购买设备用于开采位于琼中的稀土矿。为解决采矿所需的山地问题，黄某、廖某等人商定，出资25万元以种植蘑菇为名租赁当地农户的山地，并通过疏通关系，取得了南方作业区3队2号林段处的土地使用权。随后，一行人在租赁的林段里搭工棚、挖大池进行采矿作业。

黄某和廖某从江西、广西、湖南等地购买、运输发电机、离心泵、空压机、塑料管道、硫酸铵、氯化铵、碳酸氢铵、草酸等设备及化工原料用于采矿，并从江西雇佣了几十名工人到矿地进行采矿作业，指挥工人在山地上进行挖洞、铺设管道、挖大池等采矿作业。

他们盗采稀土的方法，称为"打洞灌水法"，即在山上打满适合尺寸的小洞，在山体的下方再掏一个洞，将河水抽到山顶的大池里，倒进化学物品，化合成一种独特的"药水"，再把"药水"灌注进一个个小洞里。经一段时间化学反应后，稀土便会从山体下方的洞口冒出来，通过塑料管引流到山下橡胶林里的大池里。

黄某等人非法开采稀土，开采使用的硫酸铵等化学物品，不经处理直接向土壤排放，置环境污染于不顾。洗矿后的排放物中含有高浓度的氨，如果流到田里，土壤会呈现"氨中毒"，小苗可能被"烧死"，大苗会造成大幅减产乃至绝收；排到水里，会导致绿藻疯长，引起鱼类死亡。

2015年10月21日，琼中县国土环境资源行政主管部门对该非法采矿点进行查处，黄某、廖某等人从非法采矿点紧急逃离，不久被公安机关抓获。

经鉴定，黄某、廖某等人在南方作业区3队2号林段处非法采矿所造成的稀土矿产资源破坏 REO（碳酸稀土）总量为53.86吨，价值141.95万元。

2016年8月2日上午，黄某、廖某等人非法盗采稀土矿案在琼中法院公开开庭审理，吸引了包括人大代表、政协委员、媒体记者以及琼中各相关职能单位的代表近百人前来旁听。法院经过审理，当庭作出宣判：以非法采矿罪分别判处12名被告人一年六个月至六年不等有期徒刑，并处5000元至25万元不等罚金。

稀土被誉为"工业的维生素"，用途广，作用大，是国家规定实行保护性开采的特定矿种，也是战略性保护物资。此案不仅涉及非法开采国家稀有矿产资源，而且涉及破坏地区生态环境，案件依法公开审理，对违法人员进行法律惩戒。

本案中主要的12名被告人违反矿产资源法的规定，未取得采矿许可证擅自采矿，情节特别严重，涉案人员众多，社会影响恶劣，是海南首例非法开采国家战略资源稀土矿案。从有组织、有计划、有分工的情况来看，本案系共同犯罪，被告人黄某、廖某等5人在共同犯罪中起主要作用，是主犯，应当从重处罚。

# 第三节　中小企业发展促进

中小企业是我国国民经济和社会发展的重要力量，促进中小企业发展，是保持国民经济平稳较快发展的重要基础，是关系民生和社会稳定的重大战略任务。2002年6月29日，九届全国人大常委会通过了中小企业促进法。

## 一、中小企业促进法

### （一）总则

1.概念

中小企业，是指在中华人民共和国境内依法设立的有利于满足社会需要，增加就业，符合国家产业政策，生产经营规模属于中小型的各种所有制和各种形式的企业。

2.发展政策

国家对中小企业实行积极扶持、加强引导、完善服务、依法规范、保障权益的方针，为中小企业创立和发展创造有利的环境。

3.权益保护

（1）投资权益保护。国家保护中小企业及其出资人的合法投资，以及因投资取得的合法收益。任何单位和个人不得侵犯中小企业财产及其合法收益。

（2）禁止违法收费、罚款、摊派。任何单位不得违反法律、法规向中小企业收费和罚款，不得向中小企业摊派财物。中小企业对违反上述规定的行为有权拒绝和有权举报、控告。

（3）保护公平竞争。行政管理部门应当维护中小企业的合法权益，保护其依法参与公平竞争与公平交易的权利，不得歧视，不得附加不平等的交易条件。

（4）合法经营。中小企业必须遵守国家劳动安全、职业卫生、社会保障、资源环保、质量、财政税收、金融等方面的法律、法规，依法经营管理，不得侵害职工合法权益，不得损害社会公共利益。

### （二）资金支持

中央财政预算应当设立中小企业科目，安排扶持中小企业发展专项资金。地方人民政府应当根据实际情况为中小企业提供财政支持。国家扶持中小企业发展专项资金用于促进中小企业服务体系建设，开展支持中小企业的工作，补充中小企业发展基金和扶持中小企业发展的其他事项。

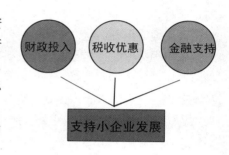

1. 中小企业发展基金

国家设立中小企业发展基金。中小企业发展基金由下列资金组成：（1）中央财政预算安排的扶持中小企业发展专项资金；（2）基金收益；（3）捐赠；（4）其他资金。国家通过税收政策，鼓励对中小企业发展基金的捐赠。

国家中小企业发展基金用于下列扶持中小企业的事项：（1）创业辅导和服务；（2）支持建立中小企业信用担保体系；（3）支持技术创新；（4）鼓励专业化发展以及与大企业的协作配套；（5）支持中小企业服务机构开展人员培训、信息咨询等项工作；（6）支持中小企业开拓国际市场；（7）支持中小企业实施清洁生产；（8）其他事项。

2. 改善信贷管理

各商业银行和信用社应当改善信贷管理，扩展服务领域，开发适应中小企业发展的金融产品，调整信贷结构，为中小企业提供信贷、结算、财务咨询、投资管理等方面的服务。

3. 鼓励风险投资

国家通过税收政策鼓励各类依法设立的风险投资机构增加对中小企业的投资。

4. 建立信用担保体系

县级以上人民政府和有关部门应当推进和组织建立中小企业信用担保体系，推动对中小企业的信用担保，为中小企业融资创造条件。

国家鼓励各种担保机构为中小企业提供信用担保。

（三）创业扶持

政府有关部门应当积极创造条件，提供必要的、相应的信息和咨询服务，在城乡建设规划中根据中小企业发展的需要，合理安排必要的场地和设施，支持创办中小企业。

失业人员、残疾人员创办中小企业的，所在地政府应当积极扶持，提供便利，加强指导。国家对失业人员创立的中小企业和当年吸纳失业人员达到国家规定比例的中小企业，符合国家支持和鼓励发展政策的高新技术中小企业，在少数民族地区、贫困地区创办的中小企业，安置残疾人员达到国家规定比例的中小企业，在一定期限内减征、免征所得税，实行税收优惠。

政府有关部门应当采取措施，拓宽渠道，引导中小企业吸纳大中专学校毕业生就业。

地方人民政府应当根据实际情况，为创业人员提供工商、财税、融资、劳动用工、社会保障等方面的政策咨询和信息服务。

二、进一步促进中小企业发展

2009年，面对中小企业发展融资难、担保难问题，部分扶持政策尚未落实到位，企业负担重，市场需求不足，产能过剩，经济效益大幅下降，亏损加大等发展问题，国务院出台了《关于进一步促进中小企业发展的若干意见》，加大了对中小企业发展的扶持力度。

（一）进一步营造有利于中小企业发展的良好环境

1. 完善中小企业政策法律体系

落实扶持中小企业发展的政策措施，清理不利于中小企业发展的法律法规和规章制度。深化垄断行业改革，扩大市场准入范围，降低准入门槛，进一步营造公开、公平的市场环境。

2. 完善政府采购支持中小企业的有关制度

制定政府采购扶持中小企业发展的具体办法，提高采购中小企业货物、工程和服务的比例。进一步提高政府采购信息发布透明度，完善政府公共服务外包制度，为中小企业创造更多的参与机会。

3. 加强对中小企业的权益保护

组织开展对中小企业相关法律和政策特别是金融、财税政策贯彻落实情况的监督检查，发挥新闻舆论和社会监督的作用，加强政策效果评价。坚持依法行政，保护中小企业及其职工的合法权益。

4. 构建和谐的劳动关系

采取切实有效措施，加大对劳动密集型中小企业的支持，鼓励中小企业不裁员、少裁员，稳定和增加就业岗位。对中小企业吸纳困难人员就业、签订劳动合同并缴纳社会保险费的，在相应期限内给予基本养老保险补贴、基本医疗保险补贴、失业保险补贴。

（二）切实缓解中小企业融资困难

1. 全面落实支持小企业发展的金融政策

完善小企业信贷考核体系，提高小企业贷款呆账核销效率，建立完善信贷人员尽职免责机制。鼓励建立小企业贷款风险补偿基金，对金融机构发放小企业贷款按增量给予适度补助，对小企业不良贷款损失给予适度风险补偿。

加大对中小企业的财政支持。

2. 加强和改善对中小企业的金融服务

国有商业银行和股份制银行都要建立小企业金融服务专营机构，完善中小企业授信业务制度，逐步提高中小企业中长期贷款的规模和比重。提高贷款审批效率，创新金融产品和服务方式。完善财产抵押制度和贷款抵押物认定办法，采取动产、应收账款、仓单、股权和知识产权质押等方式，缓解中小企业贷款抵质押不足的矛盾。对商业银行开展中小企业信贷业务实行差异化的监管政策。建立和完善中小企业金融服务体系。加快研究鼓励民间资本参与发起设立村镇银行、贷款公司等股份制金融机构的办法；积极支持民间资本以投资入股的方式，参与农村信用社改制为农村商业（合作）银行、城市信用社改制为城市商业银行以及城市商业银行的增资扩股。支持、规范发展小额贷款公司，鼓励有条件的小额贷款公司转为村镇银行。

3. 进一步拓宽中小企业融资渠道

加快创业板市场建设，完善中小企业上市育成机制，扩大中小企业上市规模，增加直接融资。完善创业投资和融资租赁政策，大力发展创业投资和融资租赁企业。鼓励有关部门和地方政府设立创业投资引导基金，引导社会资金设立主要支持中小企业的创业投资企业，积极发展股权投资基金。发挥融资租赁、典当、信托等融资方式在中小企业融资中的作用。稳步扩大中小企业集合债券和短期融资券的发行规模，积极培育和规范发展产权交易市场，为中小企业产权和股权交易提供服务。

4. 完善中小企业信用担保体系

设立包括中央、地方财政出资和企业联合组建的多层次中小企业融资担保基金和担保机构。各级财政要加大支持力度，综合运用资本注入、风险补偿和奖励补助等多种方式，提高担保机构对中小企业的融资担保能力。落实好对符合条件的中小企业信用担保机构免征营业税、准备金提取和代偿损失税前扣除的政策。国土资源、住房城乡建设、金融、工商等部门要为中小企业和担保机构开展抵押物和出质的登记、确权、转让等提供优质服务。加强对融资性担保机构的监管，引导其规范发展。鼓励保险机构积极开发为中小企业服务的保险产品。

5. 发挥信用信息服务在中小企业融资中的作用

推进中小企业信用制度建设，建立和完善中小企业信用信息征集机制和评价体系，提高中小企业的融资信用等级。完善个人和企业征信系统，为中小企业融资提供方便快速的查询服务。构建守信受益、失信惩戒的信用约束机制，增强中小企业信用意识。

### （三）加大对中小企业的财税扶持力度

1. 加大财政资金支持力度

逐步扩大中央财政预算扶持中小企业发展的专项资金规模，重点支持中小企业技术创新、结构调整、节能减排、开拓市场、扩大就业，以及改善对中小企业的公共服务。加快设立国家中小企业发展基金，发挥财政资金的引导作用，带动社会资金支持中小企业发展。地方财政也要加大对中小企业的支持力度。

2. 落实和完善税收优惠政策

中小企业投资国家鼓励类项目，除《国内投资项目不予免税的进口商品目录》所列商品外，所需的进口自用设备以及按照合同随设备进口的技术及配套件、备件，免征进口关税。中小企业缴纳城镇土地使用税确有困难的，可按有关规定向省级财税部门或省级人民政府提出减免税申请。中小企业因有特殊困难不能按期纳税的，可依法申请在三个月内延期缴纳。

3. 进一步减轻中小企业社会负担

凡未按规定权限和程序批准的行政事业性收费项目和政府性基金项目，均一律取消。全面清理整顿涉及中小企业的收费，重点是行政许可和强制准入的中介服务收费、具有垄断性的经营服务收费，能免则免，能减则减，能缓则缓。

严格执行收费项目公示制度，公开前置性审批项目、程序和收费标准，严禁地方和部门越权设立行政事业性收费项目，不得擅自将行政事业性收费转为经营服务性收费。进一步规范执收行为，全面实行中小企业缴费登记卡制度，设立各级政府中小企业负担举报电话。

健全各级政府中小企业负担监督制度，严肃查处乱收费、乱罚款及各种摊派行为。任何部门和单位不得通过强制中小企业购买产品、接受指定服务等手段牟利。严格执行税收征收管理法律法规，不得违规向中小企业提前征税或者摊派税款。

# 进一步加大对小微企业的税收优惠

2015年8月19日，国务院常务会议决定进一步加大对小微企业的税收优惠，涵养就业潜力和经济发展持久耐力。会议指出，小微企业是就业的主渠道、发展的生力军。继续实施定向调控，进一步加大对小微企业的税收扶持，让积极财政政策更大发力，可以为创业创新减负，让今天的"小微企"赢得发展的大未来。

会议决定，在落实好已出台税收优惠政策的同时，一是从2015年10月1日起到2017年底，依法将减半征收企业所得税的小微企业范围，由年应纳税所得额20万元以内（含20万元）扩大到30万元以内（含30万元）；二是将月销售额2万元至3万元的小微企业、个体工商户和其他个人免征增值税、营业税的优惠政策执行期限，由2015年底延长至2017年底。

在企业所得税法中，小微企业是指从事国家非限制和禁止行业，并符合下列条件的企业：（1）工业企业，年度应纳税所得额不超过30万元，从业人数不超过100人，资产总额不超过3000万元；（2）其他企业，年度应纳税所得额不超过30万元，从业人数不超过80人，资产总额不超过1000万元。

近年来，国家税务总局不断扩大小微政策的优惠面，首先是扩大减半征税的范围，从最初应纳税所得额3万元以内，经过4次调整一直提高到现在的30万元以内。按照最新政策，从2015年的第四季度起，小微企业所得税优惠年度应纳税所得额不超过30万元的，减按50%计入应纳税所得额，再按20%税率计征企业所得税。其次是自2014年起，将核定征收企业也纳入小微优惠享受面中，使得不管是查账还是核定的企业都可以平等享受优惠政策。

第五章

# 促进科技成果转化

　　科技成果转化，是指为提高生产力水平而对科技成果所进行的后续试验、开发、应用、推广直至形成新技术、新工艺、新材料、新产品，发展新产业等活动，科技成果转化是工业发展的重要组成部分。我国在相当长的一段时间内科技成果自主研发的能力和科研成果转化的效益均落后于西方发达国家。科研工作与科技成果转化呈现不平衡或脱节状态，政府、科研机构、企业在科技成果转化问题上分工不明确，一定程度上阻碍了我国科技创新事业的进步和发展。为了规范科技成果转化工作，推动科学技术事业的发展，1996年5月，八届全国人大常委会十九次会议通过了促进科技成果转化法，并于2015年根据十二届全国人大常委会十六次会议《关于修改〈中华人民共和国促进科技成果转化法〉的决定》进行了修正。

# 第一节　概　述

## 一、科技成果转化的含义、特点与方式

### （一）科技成果转化的含义

　　科技成果，是指通过科学研究与技术开发所产生的具有实用价值的成果。科技成果转化，是指为提高生产力水平而对科技成果所进行的后续试验、开发、应用、推广直至形成新技术、新工艺、新材料、新成品，发展新产业等活动。科技成果转化的含义包括以下要点：

　　1.科技成果须具有实用价值

　　科技成果经过后续试验、开发、应用、推广后，可以形成新技术、新工艺、新

材料、新成品，以至发展成为新产业。一项仅有理论价值而无实用价值的科技成果，虽然能够提高科学理论水平，以及对科学实践具有指导意义，但是由于不能直接应用于实践而很难实现转化。

### 2. 是应用研究和试验发展所取得的成果

所谓应用研究，是指为获得新知识而进行的创造性研究，主要针对某一特定的目的或目标。应用研究是为了确定基础研究成果可能的用途，或是为达到预定的目标探索应采取的新方法（原理性）或新途径。所谓试验发展，是指利用从基础研究、应用研究和实际经验所获得的现有知识，为产生新的产品、材料和装置，建立新的工艺、系统和服务，以及对已产生和建立的上述各项作实质性的改进而进行的系统性工作。

### 3. 注重科技成果的实施

所谓科技成果的实施，是指将科技成果用于社会生产实践的行为，包括后续试验、开发、应用、投产、推广等活动。没有科技成果的实施，就不能实现科技成果的转化。

### 4. 提高社会生产力水平

科技成果转化的目的是实现"五新"，即最终形成新技术、新工艺、新材料、新成品，以至发展成为新产业。通过科技成果的实施，使科技成果转化为新技术、新工艺、新材料、新成品，并在此基础上，最终发展成为新产业，使整个社会生产力水平得到提升。

## （二）科技成果转化的特点

### 1. 科技成果转化具有系统性

科技成果转化是一个过程。在这个过程中，所涉及的科学技术和经济领域范围十分广泛，环节较多，关系复杂，需要解决的问题很多。因此，科技成果转化不是一个行为就可以完成的简单活动，通常需要一系列的行为以及大量资金的投入。

### 2. 科技成果转化具有有偿性、互利性

在提高生产力水平的大目标下，科技成果转化的当事人在实施转化的过程中，可以获得经济利益。如技术成果转让方、实施许可方、投资方可以获得转让费、使用费、投资收益；技术成果受让方、被许可方、被投资方可以通过实施该成果获得收益。

### 3. 科技成果转化具有风险性

科技成果的转化需要进行后期试验、开发、生产、推广，在这个过程中能否实

现"五新"，具有不确定性，存在诸多风险：

一是技术风险。因为实验、开发有可能失败，生产的产品有可能不过关，需要多次、反复的试验与调试；

二是市场风险。生产出的产品可能没有市场，无人问津，即使进行了广告宣传，也可能导致投入的大量资金不能收回。因此，科技成果转化仅靠个人的力量是远远不够的，需要政府的扶持。

### （三）科技成果转化的方式

实践中，常见的科技成果转化主要有以下几种方式：

1. 自行投资实施转化

科技成果的所有人自行投资，对科技成果进行后续试验、开发、应用或推广。如自行投资兴办企业，生产自己研发的产品或实施自己开发的技术。

2. 向他人转让该科技成果

科技成果所有人将科技成果的所有权转让给有实施条件的受让人所有，并由受让人实施该项成果。向他人转让的成果一般是经过后续试验后比较成熟的科技成果，受让人购买后即可应用或投产。

3. 许可他人使用该科技成果

科技成果所有人在不转移该成果所有权的前提下，许可他人使用该科技成果，并由被许可人支付使用费。通常，该技术成果也是比较成熟的、可以直接使用的成果。

4. 以该科技成果作为合作条件

科技成果所有人不将该成果作为投资，而只是以提供该技术成果作为与他人合作的条件。在与他人合作过程中，共同对该成果进行后续试验、开发、应用、推广等实施活动，合作各方的权利义务通过合同加以约定。

5. 作价投资

这种情形是指科技成果所有人将该项科技成果评估作价，折算成股份或出资比例，投入到企业中，由企业对该项成果进行后续试验、开发、应用或推广等，科技成果所有人可以按照出资或持股比例从企业实施科技成果的收入中分享收益。

当然还可以以其他协商确定的方式实施科技成果转化。无论采取何种实施方式，最终的目的是促进科技成果的完善、更有效地应用该成果，从而实现"五新"目标。

### 三、科技成果转化的基本原则

促进科技成果转化法确立了科技成果转化活动的基本原则，这些原则是贯穿科技成果转化工作的指导思想。

### （一）自愿、公平、互利的原则

促进科技成果转化法明确规定，科技成果转化活动应当遵循自愿、互利、公平的原则。从市场经济的角度看，科技成果转化活动是一种市场行为，必须遵循市场经济的规则。各方当事人的法律地位是平等的，是否参与科技成果转化活动的意思表示，应当是当事人自愿做出的，任何一方都不能将自己的意志强加给对方。通过科技成果转化，各方都应获得相应的利益。任何一方不能只享有权利或只获得利益，而不承担义务或损失。

**（二）重合同、守信用的原则**

促进科技成果转化法明确规定，科技成果完成单位、科技成果转化实施单位和科技成果转化投资单位，就科技成果的后续试验、开发、应用和生产经营进行合作，应当签订合同，约定各方享有的权利和承担的风险。科技成果转化各方当事人应当遵守诚实信用的原则。

科技成果转化必须签订合同，以合同来确定各方当事人的权利、义务与责任。只要合同内容不违反法律的强制性规定，科技成果转化合同就具有法律的约束力，参与各方都必须遵守。在签订科技成果转化合同时，各方应当如实介绍自身及成果的情况，不得弄虚作假欺骗对方；合同签订之后，应当恪守诺言，如约履行自己的义务，不得擅自变更、撕毁合同。

**（三）保护知识产权的原则**

促进科技成果转化法明确规定，科技成果转化中的知识产权受法律保护。科技成果转化各方当事人应当尊重他人的知识产权，未经权利人许可，不得擅自实施他人的科技成果。科技成果的实施人必须向权利人支付成果使用费，未经权利人许可，不得允许任何第三人实施该项成果。在实施科技成果过程中，了解到权利人技术秘密的人，负有保密义务。

**（四）合法原则**

促进科技成果转化法明确规定，科技成果转化活动应当遵守法律法规，维护国家利益，不得损害社会公共利益和他人合法权益。

# 第二节　科技成果转化的组织实施

由于科技成果转化工作的重要性与复杂性，促进科技成果转化法规定了政府与各方参与人组织实施科技成果转化工作的职责、权利与义务。

## 一、政府

促进科技成果转化法赋予了政府管理、指导、协调科技成果转化工作的职责。该法第八条规定，国务院科学技术行政部门、经济综合管理部门和其他有关行政部门依照国务院规定的职责，管理、指导和协调科技成果转化工作。地方各级人民政府负责管理、指导和协调本行政区域内的科技成果转化工作。

促进科技成果转化法中所指的政府，包括中央政府及所属各主管部门，以及地方政府及所属主管部门。科技转化工作的主管部门是科学技术行政部门，其他有关部门可以是经济综合部门等。

虽说科技成果转化工作必须遵循市场规则，但政府也不是无所作为的，政府对科技与经济发展具有宏观调控的职能。实践中经常出现这样的情况：某些科技成果对科学技术水平的提高具有十分重要的意义，但是由于资金占用量大、资金回收周期长、风险大等原因，没有人愿意或有实力实施该项成果，导致某项重要成果得不到转化。这时，仅靠市场是无能为力的，需要政府出面给予支持。政府的作用不是强制某个科研机构、大学、企业或个人实施某项技术成果，而是通过指引、协调、服务、资助等方式，激励、促使他们主动去实施该项成果。政府这种宏观调控的作用是其他任何组织所替代不了的。

中央及地方政府在科技转化工作中的主要职责有以下几方面：

1. 制定具体的指标并组织实施

将科技成果转化纳入国民经济和社会发展计划，即将科技成果转化工作作为国民经济与社会发展计划的组成部分，制定具体的指标并组织实施。

2. 政府采购、研究开发资助、发布产业技术指导目录、示范推广

对下列科技成果转化项目，国家通过政府采购、研究开发资助、发布产业技术指导目录、示范推广等方式予以支持：（1）能够显著提高产业技术水平、经济效益或者能够形成促进社会经济健康发展的新产业的；（2）能够显著提高国家安全能力和公共安全水平的；（3）能够合理开发和利用资源、节约能源、降低消耗以及防治环境污染、保护生态、提高应对气候变化和防灾减灾能力的；（4）能够改善民生和提高公共健康水平的；（5）能够促进现代农业或者农村经济发展的；（6）能够加快民族地区、边远地区、贫困地区社会经济发展的。

3. 制定政策措施加以引导

制定政策措施，对科技转化的方向进行指引，提倡和鼓励采用先进技术、工艺和装备，不断改进、限制使用或者淘汰落后技术、工艺和装备。

4. 招标

采用并组织实施对重点科技成果转化项目的公开招标工作。

5. 支持和奖励

设立科技成果转化基金和创新基金，对重点科技转化项目中标单位、实施科技成果转化卓有成效的单位或个人提供资金资助或其他条件的支持和奖励。

6. 提供平台

积极组织、协调全国、本地区的科技转化工作，创立各地区之间科技转化的平台。

## 二、企业

科技成果的后续试验、开发、应用、投产、推广等实施活动，通常都是在企业进行的。一般科研机构和高等院校在机器设备等硬件上，不具有实施条件，需要依靠与企业的合作来实施完成。企业自身研发出的科技成果，也是直接在企业实施。因此，企业是科技成果转化中的重要主体。

为了鼓励企业参与科技成果转化活动，发挥企业的特长和积极性，促进科技成果转化法赋予企业在科技成果转化活动中享有以下各项权利。

### （一）实施科技成果转化的自主权

任何企业对科技成果是否实施、如何实施、与谁合作实施，都应当由企业自主决定。除法律规定的特殊情况外，政府不得强制企业实施某项科技成果。企业实施科技成果应当在平等、自愿、互利、公平原则基础上，并通过与其他参与人签订科技成果转化合同来实现。

对于国有科研机构、高等学校投资创办的高新技术企业，其经营自主权同样需要得到保障。在这类企业里，必须实行所有权与经营权分离，合理确定投资回报比例，为企业留足发展资金。要保障企业经营管理人员和研究开发队伍的稳定，在经营决策、用人、分配等方面赋予企业经营者充分的自主权。任何单位或个人（包括投资方在内）都不得随意摊派或无偿占用企业的资源。

### （二）征集科技成果和征询合作者

自己不具备研发能力的企业，为采用新技术、新工艺、新材料和生产新产品，需要转化科技成果的，可以向社会征集所需的科技成果。企业还有权向社会征询科技成果转化的合作者，与企业共同实施科技成果。征集或征询的方式可以是自行向社会发布信息，也可以是委托技术交易中介机构向社会征集。

### （三）承担政府科技研发和科技成果转化项目

法律要求政府组织实施的研发项目和科技成果转化项目必须实行招投标制，遵循公开、公平、公正的原则。企业通过公平竞争，可以独立或者与其他单位联合承担政府组织实施的科技研究开发和科技成果转化项目。政府对符合招标条件的投标企业，无论是国有、集体企业，还是民营企业，都应当一视同仁，不得区别对待或歧视。

### （四）与科研机构和高等院校合作建立产、学、研基地

企业有权与科研机构和高等院校合作，在企业建立产学研基地，根据合作协议，

为科研机构和高等院校实施科技成果转化。为科研机构和高等院校实施科技成果转化的企业，应当享有对科技成果的优先使用权。

### （五）在境外实施科技成果转化

国家鼓励科技成果首先在中国境内实施。中国单位或者个人向境外的组织、个人转让或者许可其实施科技成果的，应当遵守相关法律、行政法规以及国家有关规定。企业在符合法律的前提下，有权独立或与境内外企业、事业单位和其他合作者联合在境外实施科技成果转化，如在境外单独投资或与外方共同投资兴办企业，生产含有技术成果的新产品、新材料，或受让外方的技术成果并在境外实施等。在境外实施科技成果转化，需要注意两点：一是遵守本国与当地国家保护知识产权的法律；二是遵守本国与当地国家保护本国利益的政策。

## 三、科研机构、高等院校及其科技人员

科研机构和高等院校是科技研发的主力军，然而受自身条件的限制，他们在实施科技成果时有一定局限。为了促进科研机构和高等院校将其研发的科技成果迅速用于社会生产实践，促进科技成果转化法赋予科研机构和高等院校及其科技人员实施科技成果转化的权利与义务。

我们是科研主力军。

### （一）建立产学研科技成果转化基地的权利

国家鼓励研究开发机构、高等院校等事业单位与生产企业相结合，联合实施科技成果转化。尤其是在科技水平较低的农村，国家鼓励农业科研机构、农业试验示范单位独立或者与其他单位合作实施农业科技成果转化。为推进其科技成果转化，促进科技成果转化法不仅肯定农业科研机构有优良品种的独立和合作研究开发的权利，还赋予其独立或合作经营其研发的优良品种的经营权。

### （二）实施科技成果转化的招投标权利

研究开发机构、高等院校等事业单位，为实施自行研发的科技成果，有权通过招标方式征询实施单位和合作伙伴，也有权参与政府有关部门或者企业的招标投标活动，承担政府或企业的科技成果转化项目。

### （三）创办高新技术企业实施科技成果转化的权利

鼓励研究开发机构、高等院校、企业等创新主体及科技人员转移转化科技成果。企业在实施公司制改建、增资扩股或者创设新企业的过程中，对职工个人合法拥有的、企业发展需要的知识产权，可以依法吸收为股权（股份）投资，并办理权属变更手续。企业实现科技成果转化，且近3年税后利润形成的净资产增值额占实现转化

前净资产总额30％以上的，对关键研发人员可以根据其贡献大小，按一定价格系数将一定比例的股权（股份）出售给有关人员。价格系数应当综合考虑企业净资产评估价值、净资产收益率和未来收益折现等因素合理确定。高新技术企业在实施公司制改建或者增资扩股过程中，可以对关键研发人员奖励股权（股份）或者按一定价格系数出售股权（股份）。奖励股权（股份）和以价格系数体现的奖励额之和，不得超过企业近3年税后利润形成的净资产增值额的35％，其中，奖励股权（股份）的数额不得超过奖励总额的一半。

**（四）成果完成人和参加人实施职务科技成果转化的权利**

国家设立的研究开发机构、高等院校所取得的职务科技成果，完成人和参加人在不变更职务科技成果权属的前提下，可以根据与本单位的协议进行该项科技成果的转化，并享有协议规定的权益。该单位对上述科技成果转化活动应当予以支持。

**（五）科技成果完成人或者课题负责人的义务**

科技成果完成人或者课题负责人不得阻碍职务科技成果的转化，不得将职务科技成果及其技术资料和数据占为己有，侵犯单位的合法权益。

**四、中介机构与中介人员**

中介机构是为科技成果转化提供服务的机构。例如，在科技成果转化之前，对技术成果进行评估，以便确定技术成果的价值以及参与各方的权利与利益；此外，科技成果转化需要技术市场，为参与各方提供一个转化的场所或平台；再者，科技成果转化需要信息，为参与各方牵线搭桥，促成科技成果的转化。促进科技成果转化法规定了科技成果转化中介机构的义务与职责。

**（一）技术评估机构的职责**

通过对科技成果的评估，为成果的权利人在成果转化中提供一个公平的价格尺度。如资产拍卖、转让、担保，企业兼并与出售，企业联营、股份经营、承包、租赁，企业清算，保险赔偿与侵权赔偿等，都必须以技术成果的评估价值作为依据，确定参与各方的权利、义务与责任。

国家设立的研究开发机构、高等院校和国有企业与中国境外的企业、其他组织或者个人合作进行科技成果转化活动，必须按照国家有关规定对科技成果的价值进行评估。

技术评估机构在对科技成果进行检测和价值评估时，必须遵循公正、客观的原则，不得提供虚假的检测结果或者评估证明。科技成果的价值评估是对无形资产的评估，必须遵循真实性、科学性和可行性的原则，不得故意高估或低估作价。

**（二）技术交易市场的职责**

技术交易市场是专门为科技成果交易提供场所的机构，技术交易市场提供挂牌交易、拍卖等服务。

### （三）技术居间、代理机构的义务

居间是指利用自己的知识、信息和经验，将技术交易各方介绍到一起，并促成他们之间的交易的行为。提供居间服务的人，不代表交易的任何一方，只是促成交易，并从中收取佣金。一般以交易是否成功为准收取佣金。居间人不得为收取佣金，违背诚实信用原则，恶意促进交易。

代理是利用自己的知识、经验和信息，以委托方的名义，为委托方提供服务，促成委托方与第三人的技术交易的行为。提供代理服务的人，以委托方的名义，为委托方服务。专门从事代理业务的机构和人员，其代理服务是有偿服务，不以代理业务是否成功为准收取代理费。

在技术交易中从事代理或者居间等有偿服务的中介机构，须按照国家有关规定领取营业执照。在居间和代理机构中专门从事居间和代理业务的人为经纪人，经纪人应当按照国家有关规定取得资格证书。

### 五、试验基地

试验基地是指专门为科学研究提供中间试验，为科技成果提供后续试验和其他科技创新活动的场所。

这是试验基地。

### （一）试验基地的特点

1. 具有固定性

试验基地，可以是不从事其他经营活动、专门为科学研究和科技成果转化提供试验条件之目的而设立的组织，如农业科研机构的试验农场，是进行粮食、蔬菜、水果等作物试验的专门场所；也可以是兼营其他业务，同时为科学研究提供试验条件的其他组织，如企业有自己的业务活动，同时利用自己的设备及其他条件为科学试验服务。国家鼓励企业、事业单位和农村科技经济合作组织合作建立各种科技试验基地。但无论何种情况，试验基地都应当具有固定性，以使科学试验的实施更为方便。

2. 具备试验条件

试验基地通常应当具备进行某种试验的设备、仪器、场地，为完成试验提供基本的条件。试验基地还应当具备一定的技术人员，负责对试验进行操作，并作出试验报告或分析报告。

3. 具有专门性

试验基地的专门性，是指每一个试验基地都是为了某类或某种特定的试验服务的。由于试验所属的领域不同，试验基地可以分为工业试验基地、农业试验示范基地、其他科技创新与服务基地。由于试验的阶段不同，试验基地也可以分为中间试验基地、后续试验基地、产业化试验基地等。由于试验所属的学科不同，试验基地还可以分为材料学试验基地、力学试验基地、电学试验基地、生物医学试验基地等。

4.具有服务性

试验基地设立的宗旨是为科学试验服务。因此应当树立服务意识，努力改善服务条件，提高服务质量，扩大服务范围。不仅接受来基地进行科学试验的机构或项目，还应当积极走出去，为技术薄弱的行业或地区提供上门服务。通过自己的服务，促成科技成果的转化。

**（二）试验基地的功能**

从事科技成果转化的各种试验基地具有以下功能：

1.对新产品、新工艺进行中间试验和工业性试验。

2.面向社会进行地区或者行业科技成果系统化、工程化的配套开发和技术创新。

3.为中小企业、乡镇企业、农村科技经济合作组织提供技术和技术服务。

4.为转化高技术成果、创办相关企业提供综合配套服务。

**（三）国家对科技成果转化试验基地的扶持**

国家鼓励科研机构、大学、企业联合建立产学研创新、试验基地，尤其鼓励提高我国农业科技水平与农业科技经济组织联合建立的农业科技示范试验基地。凡是经过国务院有关部门和省、自治区、直辖市人民政府批准的试验基地，其基本建设经费纳入国家或者地方有关规划，政府财政拨款支持。

国家要求地方政府支持科技企业孵化基地的建设。要求政府有关部门在资金投入上给予支持，政策上给予扶持。要引导这类机构不以营利为目的，以优惠价格为科研机构、高等院校和科技人员转化高新技术成果，创办高新技术企业提供场地、设施和服务。

# 第三节　科技成果转化的保障措施

科技成果转化需要一系列的支撑条件，包括财力的支撑与人力的支撑，这些支撑条件是实现科技成果转化的保障。促进科技成果转化法以法律的形式肯定了下列保障措施的合法性：督促政府及其所属部门积极建立各种促进科技成果转化的保障制度，并付诸实施；同时鼓励金融机构与民间团体为科技成果的转化提供资金支持。

## 一、科技成果转化的财力保障

**（一）财政资金支持**

促进科技成果转化法第三十三条规定，科技成果转化财政经费，主要用于科技成果转化的引导资金、贷款贴息、补助资金和风险投资以及其他促进科技成果转化的资金用途。

政府在促进科技成果转化的资金支持具有主导地位。国家财政每年用于科技发展、技术改造和固定资产投资的经费，用于科技成果转化的财政经费，其主要用途是作为科技成果转化的引导资金、贷款贴息、补助资金等。

1. 引导资金

政府财政支持的科技成果转化的引导资金，又称为科技成果转化的启动经费，主要用于在科技成果转化的初始阶段。在这个阶段，需要寻找实施成果的合作伙伴、为项目进行宣传、购置必要的试验设备和材料等。政府财政提供的启动经费，为科技成果转化有一个良好的开始提供保障，并为其逐渐步入正轨打下基础。

2. 贷款贴息

科技成果转化需要的资金可以通过商业信贷取得。但由于商业信贷自身的特点，使得科技成果转化的参与人必须承担到期还本付息的义务。一方面，这使得本来处于资金困难又承受着转化风险的参与人不愿意取得商业信贷；另一方面，金融机构不是风险投资家，从效益性、安全性的角度出发，金融机构对科技成果转化项目的贷款须持谨慎态度。为了解决这对矛盾，促进科技成果转化，政府从用于科技成果转化的财政经费中，替转化参与人支付全部或部分商业信贷的利息。这一措施既缓解了参与人支付利息的负担，也在一定程度上化解了金融机构的金融风险，使科技成果转化参与人能比较顺利地获得商业信贷的资金支持。

3. 补助资金

谁投资、谁受益、谁拥有产权，是投资法的基本原则。科技成果转化需要的资金主要应当依靠参与人自行解决。在科技成果转化中，政府的财政经费只能起到辅助与补充作用。当参与人投入的资金不足时，政府财政经费可以酌情给予适当补助，以解决资金不足的困难。

（二）税收优惠

为了促进科技成果转化，国家除了给予直接的资金扶持外，还对科技成果转化活动实行税收优惠政策。

1. 对科研机构、高等院校科技成果转化的税收优惠

对科研机构、高等学校的技术转让收入免征营业税。对科研单位、高等院校服务于各行业的技术成果转让、技术培训、技术咨询、技术承包所取得的技术性服务收入暂免征收所得税。

2. 对实施科技转化个人的税收优惠

根据国家税务总局1999年7月发布的《关于促进科技成果转化有关个人所得税问题的通知》的规定，实施科技成果转化的个人享有税收优惠。

科研机构、高等学校转化职务科技成果以股份或出资比例等股权形式给予科技人员个人奖励，经主管税务机关审核后，暂不征收个人所得税。在办理免税手续时，奖励单位或获奖人应向主管税务机关提供依国家有关规定制作的《出资入股高新技术成果认定书》《企业登记证明》以及《技术成果价值评估报告和确认书》。税务机关凭上述法律文件办理免税手续。不提供上述资料的，不得享受暂不征收个人所得税优惠政策。

上述科研机构，是指按中央机构编制委员会和国家科学技术委员会《关于科研事业单位机构设置审批事项的通知》的规定设置审批的自然科学研究事业单位机构。上述高等学校，是指全日制普通高等学校（包括大学、专门学院和高等专科学校）。享受上述优惠政策的科技人员必须是科研机构和高等学校的在编正式职工。但是，在获奖人按股份、出资比例获得分红时，对其所得按"利息、股息、红利所得"应税项目征收个人所得税。此外，获奖人转让股权、出资比例，对其所得按"财产转让所得"应税项目征收个人所得税，财产原值为零。

### （三）信贷支持

#### 1. 国家金融支持

促进科技成果转化法第三十五条规定，国家鼓励政策性金融机构采取措施，加大对科技成果转化的金融支持。科技成果转化需要大量的资金，政府财政支持只是其中的一部分。从世界各国来看，科技成果转化的另一个资金来源，就是国家金融机构的信贷支持。国家金融机构，一般是指国家全资、控股或参股的政策性金融机构。如德国政府全资拥有的政策性银行——德国复兴信贷银行和欧洲最大的开发性金融机构——德国投资与开发有限公司，其重要职能之一就是向以促进德国经济为目的但难以从其他信贷机构筹集资金的项目提供贷款，其中不乏为科技成果转化项目提供贷款。又如，根据韩国产业银行法设立、由韩国政府出全资的韩国产业银行，全力支持尖端科技产业和支柱产业的发展，为转化科技成果、调整企业结构、培育高科技风险企业提供了巨额信贷资金。再如，由日本政府出全资的日本开发银行、新技术开发事业团，大力支持工业化技术改造，致力于产业结构的调整与新兴行业的发展，对持有先进技术，但风险较大，难于产业化的项目提供5年期的无息贷款，成功者偿还贷款，失败者可以免于偿还责任。

我国于1994年实行金融体制改革，设立了国家开发银行等政策性银行。国家开发银行的主要职责之一是向国家基础产业、科技产业和支柱产业的大中型基本建设

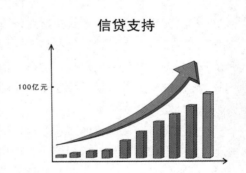

信贷支持

100亿元

和技术改造等政策性项目及其配套性工程提供政策性融资服务。科技成果转化有助于我国整体工业科技水平的提高，是科技产业和技术改造的有机组成部分，因此，属于国家政策性信贷支持的范围。国家开发银行有义务为科技成果转化提供信贷支持，并且应当逐渐加大支持力度。

2. 商业信贷支持

《科技部、教育部、人事部、财政部、中国人民银行、国家税务总局、国家工商行政管理局关于促进科技成果转化的若干规定》（以下简称《若干规定》）要求，商业银行应对符合信贷条件的高新技术成果转化项目积极发放贷款。商业银行的信贷活动应当遵循商业银行法确立的安全性、流动性、效益性原则与风险控制原则，商业银行在选择信贷对象时必须以这两个原则为依据。而科技成果转化的风险大、资金占用周期长，与商业银行的经营原则有出入，因此，促进科技成果转化法并没有将支持科技成果转化项目作为商业银行的一般义务。但是对于符合商业银行信贷条件的高新技术成果转化项目，商业银行应当优先安排、优先放贷。

（四）基金支持

促进科技成果转化法第三十九条第一款规定，国家鼓励设立科技成果转化基金或者风险基金，其资金来源由国家、地方、企业、事业单位以及其他组织或者个人提供，用于支持高投入、高风险、高产出的科技成果的转化，加速重大科技成果的产业化。

对科技成果转化的基金支持可以有两种：一是专门的科技成果转化基金；二是科技成果转化风险基金。两种基金都是由政府牵头设立并由政府管理，吸收国家、地方、企业、事业单位以及其他组织或个人的资金，用于扶持科技成果转化、化解转化中的风险的专门资金。基金一般由政府主管部门管理，每年根据申请，采取投标竞争机制，选择最急需、最有价值的科技成果转化项目，给予适当的、直接的资金支持，或者对科技成果转化中的损失给予适当的弥补。

按照促进科技成果转化法的要求，有条件的地方可以按照国家的有关规定，设立科技成果转化基金或风险基金。根据这一要求，我国一些省、市分别建立了地方的科技成果转化基金。

为贯彻促进科技成果转化法的规定，国务院于2005年12月发布了《国家中长期科学和技术发展规划纲要》（2006—2020年）；2011年7月4日，财政部、科技部联合颁布了《国家科技成果转化引导基金管理暂行办法》，旨在加速推动科技成果转化与应用，引导社会力量和地方政府加大科技成果转化投入。

中央财政设立国家科技成果转化引导基金，遵循引导性、间接性、非营利性和市场化原则，转化基金主要用于支持转化利用财政资金形成的科技成果，包括国家（行业、部门）科技计划（专项、项目）、地方科技计划（专项、项目）及其他由事业单位产生的新技术、新产品、新工艺、新材料、新装置及其系统等，支持方式包括设立创业投资子基金、贷款风险补偿和绩效奖励等。基金的资金来源为中央财政拨款、投资收益和社会捐赠。此外，《国家科技成果转化引导基金管理暂行办法》还对科技成果转化项目库、设立创业投资子基金、贷款风险补偿、绩效奖励、组织管理和监督等进行了明确规定。

### （五）证券市场融资

科技成果转化所需资金的另一个重要来源，是在证券市场上通过发行股票募集。对于一个实施科技成果转化的企业，其股票在证券市场发行，必须符合公司法与证券法规定的条件和程序。

首先，实施科技成果转化的企业必须是依法设立的股份有限公司，有限责任公司不能向社会发行股票；

其次，该企业在股本总额、社会公众持股比例、经济效益、财务会计报告以及经营行为等方面必须符合法律的规定；

再次，必须履行资料申报、主管机构审核、承销、信息披露等法定程序。

由于我国股票发行实行国家宏观调控，每年受发行总量控制的影响，并不是任何符合股票发行条件的申请都会获得核准。为了通过发行股票在证券市场募集资金，及时用于科技成果转化，《若干规定》提出，各地方、各部门在落实国家股票发行计划时，应对符合条件的高新技术企业给予重点支持，即在符合发行条件的所有申请中，各地方政府和各行业主管部门应当重点考虑实施科技成果转化的高新技术企业的发行申请，优先核准、优先安排高新技术企业的股票发行，使高新技术企业能够在证券市场上获得实施科技成果转化的资金。

最后，除了上述科技成果转化的资金保障外，促进科技成果转化法还要求，国家建立、完善科技报告制度和科技成果信息系统，向社会公布科技项目实施情况以及科技成果和相关知识产权信息，提供科技成果信息查询、筛选等公益服务。

## 二、科技成果转化的人力保障

科技人员是科技成果转化的中坚力量。科技成果转化的人力保障，实际上是对科技人员的保障。如果不能保证科技人员从事科学研究与成果转化的工作条件、生活条件以及必要的福利待遇，就会影响他们的工作，使他们有后顾之忧，分散他们的精力，抑制他们从事科学研究与技术成果转化的积极性。政府、科研机构、企事业单位，不仅仅是使用科技人员，更重要的是"以人为本"，充分发挥他们对社会的最大价值。

你们的科研成果真棒。

促进科技成果转化法与《若干规定》明确规定了对科技人员的保障措施。

（一）科技人员兼职

科技人员可以在完成本职工作的前提下，在其他单位兼职从事研究开发和成果转化活动。高等学校应当支持本单位科技人员利用节假日和工作日从事研究开发和成果转化活动，学校应当建章立制予以规范和保障。

（二）科技人员离岗创办高新技术企业

在国有科研机构、高等学校工作的科技人员，可以离岗创办高新技术企业或到其他高新技术企业转化科技成果。实行人员竞争上岗的科研机构、高等学校，应允许离岗人员在单位规定的期限内（一般为2年）回原单位竞争上岗，保障重新上岗者享有与连续工作的人员同等的福利和待遇。

科技人员创办高新技术企业，应当遵循"自愿组合、自筹资金、自主经营、自负盈亏、自我约束、自我发展"的原则，遵守国家的法律法规，遵从与本单位签订的协议。

（三）科技人员兼职与离岗期间的待遇

科技人员兼职或离岗期间的工资、医疗、意外伤害等待遇和各种保险，原则上应由用人单位负责。科研机构、高等学校应按照国家的有关规定，制定具体办法予以规范，并与用人单位和兼职人员签订书面协议予以确定。

从事上述活动的人员不得侵害本单位或原单位的技术经济权益。从事军事科学技术研究的科技人员兼职或离岗，执行国家关于军工单位人员管理的有关规定；高等学校有教学任务的科技人员兼职，不得影响教学任务。

（四）科技人员参股

允许国有和集体性质的高新技术企业吸收本单位的业务骨干参股，以增强企业的凝聚力。企业实行公司制改造时，允许业务骨干作为公司发起人。

 以案释法 06

## 产学研相结合促进科技成果转化案例

某地高校与某企业建立了长期的项目合作关系，高校通过技术咨询、技术转让和合作开发等方式，派出专业工程技术人员深入企业，充分利用学院在生物和食品工程技术方面的深厚沉淀，对企业的研发和管理人员进行指导，为企业解决技术和管理上的难题。主要合作内容包括："β－胡萝卜素—虾青素转化酶定向进化及应用研究""海洋红酵母发酵虾青素5吨罐中试及产物分离提取研究""海洋红酵母虾青素高产菌株正筛选模型及其应用""虾青素发酵工程""虾青素分离工程""DHA发酵法生产及分离提取中试及试产"等。

虾青素是一种非维生素A原的类胡萝卜素，具有抗氧化、抗肿瘤、抗衰老、提高免疫力等多种生物学功能，在饲料、食品、医药、化妆品等行业中具有广泛的需求，其市场前景非常广阔。目前，市场上的虾青素为化学合成产品，与化学合成虾青素相比，利用法夫酵母生产天然虾青素具有安全、无毒性残留等优点，是今后虾青素市场的发展方向。不过，目前利用法夫酵母生产虾青素的发酵产量还不高（130mg/L），其生产虾青素的成本高于化学合成生产的成本，仍难以实现产业化生产。

针对该企业这种情况，该大学自2004年起与其合作开发虾青素发酵生产技术。首先通过人工诱变、基因工程等手段，选育得到高产虾青素的法夫酵母菌株，然后从培养基组成、培养条件等方面对发酵工艺进行优化，使虾青素产量得到显著提高。在此基础上，他们又开发了虾青素高密度发酵生产技术，实现法夫酵母虾青素小试发酵水平达300mg/L以上，将小试发酵工艺放大到1吨发酵罐上进行中试，实现了1吨罐虾青素发酵中试，发酵产量达250mg/L以上。目前，企业已成功生产出纯度高、可稳定贮存的虾青素产品，并已进入产品的定型与市场开拓阶段，产业化前景很好。

 释解

该项目的关键技术成果"虾青素发酵法生产技术"于2005年通过专家鉴定为国内领先水平。其相关成果转让给企业用于天然虾青素的发酵生产，帮助企业解决企业发展规划、厂房设计、指导产业化生产、制定生产规程等产业化实施的难题。高校还定期到企业指导生产工作，使企业产业规模由原始的鱼粉加工企业转变成以生物工程技术为中心的现代高技术产业，带动企业投资6700万元，已经实现产值8000万元。

在高校教师、科研人员与企业的合作交流中，企业方面的技术人员与高校的科研人员接触较多。在项目的合作过程中，合作双方的有关科技人员都得到了锻炼和提高，专业知识和技术得到了丰富。企业通过技术人员与高校的产学研合作，得到了企业生产中所急需的关键技术成果，有效地解决了实际生产中的技术难题。高校方面也有多名主要技术人员得到了锻炼，增加了与企业的接触，增进了对企业实际技术需求的了解，进一步明确了社会服务方向，以更好地利用所掌握的技术服务于产业需求。

# 第四节　科技成果转化中技术权益的确认与保护

## 一、权属确认原则

科技成果转化权属的确认，是指在实施科技成果转化过程中，确定科技成果的所有权以及相关权益（成果的专利申请权、成果使用权与转让权、实施成果后的收益权、为实施成果创办高技术企业的产权等）归谁所有。从法律角度看，科技成果转化是由一系列法律行为构成的，涉及多个当事人（科技成果开发者、实施者等），每个当事人的行为都是科技成果转化不可缺少的环节，都为科技成果转化作出了不同程度的贡献。确认科技成果的权属，对于保护投资者利益，解决科技成果转化争议，鼓励科技成果转化，具有十分重要的意义。

我国促进科技成果转化法确立了权属确认的原则。

首先，科技成果有关权益的归属由合同约定。科技成果转化必须依据市场规则，转化主体必须遵循平等、互利、自愿、公平的原则，通过协商确定科技成果的权益归属。只要合同是在平等、自愿基础上签订的，法律尊重当事人的意愿，并确认、保护合同中确定的权利主体的权利。

其次，科技成果有关权益的归属由法律规定。促进科技成果转化法与《若干规定》规定，科技成果完成单位与其他单位合作进行科技成果转化的，应当依法由合同约定该科技成果有关权益的归属，合同未作约定的，按照下列原则办理：

（1）在合作转化中无新的发明创造的，该科技成果的权益归该科技成果完成单位。

（2）在合作转化中产生新的发明创造的，该新发明创造的权益归合作各方共有。

（3）对合作转化中产生的科技成果，各方都有实施该项科技成果的权利，转让该科技成果应经合作各方同意。

（4）国有科研机构、高等学校持有的高新技术成果在成果完成后一年未实施转化的，科技成果完成人和参加人在不变更职务科技成果权属的前提下，可以根据与本单位的协议进行该项科技成果的转化，并享有协议约定的权益。科技成果完成人自行创办企业实施转化该项成果的，本单位可依法约定在该企业中享有股权或出资比例，也可以依法以技术转让的方式取得技术转让收入。

（5）集体性质高新技术企业过去在创办及后来的发展过程中，国有企事业单位拨入过资产并已明确约定是投资或债权关系的，按照约定办理；未作约定的，由双方协商并重新约定产权关系或按有关规定界定产权；与国有企事业单位建立过挂靠关系、贷款担保关系的，国有企事业单位一般不享有资产权益，但国有企事业单位对集体性质的高新技术企业履行了债务连带责任的，应予追索清偿或依照有关规定转为投资；对属于个人投资形成的资产，产权归个人所有。

对集体性质高新技术企业仍在实施的由国有企事业单位持有并提供的高新技术成果，当初没有约定投资或债权关系的，可以根据该项技术目前的市场竞争力，以及有关各方在技术创新各阶段的物资技术投入情况，按照有关规定重新界定产权。

## 二、成果权益的保护

### （一）技术秘密的保护

促进科技成果转化法强调对技术秘密的保护，技术秘密是商业秘密的组成部分。我国反不正当竞争法将商业秘密定义为，"不为公众所知悉、能为权利人带来经济利益，具有实用性并经权利人采取保密措施的技术信息与经营信息"。其中的技术信息，即技术秘密。技术秘密具有商业秘密的共同属性，即保密性、经济性、实用性、非公有知识性、采取保密措施。技术秘密与知识产权中的其他权利一样受到法律的保护。

可以转化的科技成果不一定是取得专利权或软件著作权的成果。实践中，可能有这样两种情况：一种是科技成果具备了取得专利的条件，但是权利人出于经济的（专利申请费、专利年费等成本）或竞争的（避免竞争对手了解自己的科研情况）原因，不愿意以公开成果内容为代价换取专利权，而且通过采取保密措施，比较容易保住秘密。在这种情况下，权利人一般会将成果以技术秘密的形式加以保护。另一种情况是科技成果不具备取得专利的条件，如不具备新颖性、创造性和实用性，或者在专利文件中不易描述权属范围，但具有实用性和经济价值，故不得不将成果作为技术秘密加以保护。

在科技成果转化实践中，经常会遇到被转化的成果是技术秘密，或者由于参与转化关系了解到其他参与人的技术秘密，加之技术秘密具有一旦泄密将不可挽回的"覆水难收"的特点，这时就产生了法律保护技术秘密的必要性，以及不得侵犯他人技术秘密的义务。因此，促进科技成果转化法将对技术秘密的保护列入对科技成果权益的保护范围。

#### 1.技术转化合作者的保密义务

促进科技成果转化法规定，科技成果完成单位与其他单位合作进行科技成果转化的，合作各方应当就保守技术秘密达成协议；当事人不得违反协议或者违反权利人有关保守技术秘密的要求，披露、允许他人使用该技术。

在技术转化合作关系中，首先，合作各方应当在技术转化合同中明确约定保护技术秘密的内容以及各参与人的义务，明确要求各参与人未经权利人许可或者未经合同约定，不得披露、不得使用、不得允许他人使用该技术秘密（"三个不得"的义务）。其次，如果在技术转化合同中没有约定保密义务，但是权利人提出保密要求的，其他各参与人仍然负有"三个不得"的保密义务。实践中，只要有证据证明权利人提出过保密要求，提出方式不限，其他参与人的保密义务即产生。再次，如果既没有在技术转化合同中约定保密义务，权利人也没有提出过保密要求，但如果在客观上成果具有技术秘密的特性，且权利人采取了保密措施，根据诚实信用原则，各参与人仍然负有"三个不得"的保密义务。最后，这种默示义务的产生，有助于提升社会诚实信用道德水准，有利于科技成果的转化。

2. 科技成果转化中介者的保密义务

科技成果转化的中介者可以是技术交易场所，也可以是技术成果评估单位，或者是技术咨询、信息、法律、代理、居间服务机构等。在技术成果转化中，中介机构发挥着穿针引线、修路搭桥的重要作用。

在中介机构为科技成果转化提供服务的过程中，出于工作之便必然会了解到服务对象的技术秘密及经营秘密，这时就产生了不得泄露、不得使用、不得允许他人使用的保密义务。

3. 科技成果转化参与人单位职工的保密义务

我国劳动法和促进科技成果转化法都明确规定，职工负有保守本单位技术秘密与经营秘密的义务。职工保密义务的特点是：一是基于劳动关系而产生工作之便，了解、掌握本单位的技术秘密；二是法定义务，不一定必须签订保密协议，但要求单位必须采取保密措施；三是竞业限制义务属于合同义务。

首先，职工应当遵守本单位的技术保密制度。要符合法律上的商业秘密的条件，不仅在客观上具有秘密性，即不为公众所知悉，在主观上也要具有秘密性，即采取保密措施。因此，促进科技成果转化法规定，企业、事业单位应当建立健全技术秘密保护制度，保护本单位的技术秘密。企业、事业单位不仅要建立健全保密制度，还应当以一定的方式让职工了解保密制度。一旦职工了解到本单位的技术保密制度，就产生了遵守本单位的技术秘密保护制度"三个不得"的义务。企业、事业单位还可以与职工签订保密协议，直接在合同中约定职工的保密义务。

其次，职工竞业限制义务。为了防止职工离开岗位后，泄露原单位的技术秘密，促进科技成果转化法规定，企业、事业单位可以与参加科技成果转化的有关人员签订在离职、离休、退休后一定期限内保守本单位技术秘密的协议；有关人员不得违反协议约定，泄露本单位的技术秘密和从事与原单位相同的科技成果转化活动。职工不得将职务科技成果擅自转让或者变相转让。

（二）工业产权、企业股权与其他相关权益的保护

在科技成果转化中形成的工业产权与著作权，应当依照专利法、商标法和著作权法的有关规定加以保护。在科技成果转化过程中形成的股权及相关权益，应当依照公司法、合同法的有关规定加以保护。

# 第五节　违反促进科技成果转化法的法律责任

## 一、欺诈行为的法律责任

科技成果转化中的欺诈行为，包括骗取奖励、诈骗钱财、故意提供虚假检测结果或者评估证明、欺骗委托人或者与当事人一方串通欺骗另一方当事人等行为。根据促进科技成果转化法的规定：

（1）在科技成果转化活动中弄虚作假，采取欺骗手段，骗取奖励和荣誉称号、诈骗钱财、非法牟利的，责令改正，取消该奖励和荣誉称号，没收违法所得，并处以罚款；给他人造成经济损失的，依法承担民事赔偿责任；构成犯罪的，依法追究刑事责任。

（2）科技服务机构及其从业人员故意提供虚假的信息、实验结果或者评估意见等欺骗当事人，或者与当事人一方串通欺骗另一方当事人的，责令改正，没收违法所得，并处以罚款；情节严重的，依法吊销营业执照。给他人造成经济损失的，依法承担民事赔偿责任；构成犯罪的，依法追究刑事责任。

科技中介服务机构及其从业人员泄露国家秘密或者当事人的商业秘密的，依照有关法律、行政法规的规定承担相应的法律责任。

## 二、玩忽职守、徇私舞弊行为的法律责任

科技成果转化中的玩忽职守、徇私舞弊行为，主要指各级政府科学技术行政部门和其他有关部门工作人员在科技成果转化中玩忽职守、徇私舞弊等行为。这些行为包括：

（1）各级政府科技行政部门和其他有关部门工作人员在科技成果转化中的不履行职责的不作为行为。

（2）各级政府科技行政部门和其他有关部门及其负责人在科技成果转化中决策重大失误的行为。

（3）各级政府科技行政部门和有关部门的负责人及其工作人员在科技成果转化中以权谋私、贪污受贿的行为。

（4）各级政府科技行政部门和其他有关部门及其工作人员在科技成果转化中严重违反程序的行为等。

根据促进科技成果转化法的规定，科学技术行政部门和其他有关部门及其工作人员在科技成果转化中滥用职权、玩忽职守、徇私舞弊的，由任免机关或者监察机关对直接负责的主管人员和其他直接责任人员依法给予处分；构成犯罪的，依法追究刑事责任。

### 三、侵权行为的法律责任

科技成果转化中的侵权行为，是指不法侵害他人的科技成果权利或合法利益的行为。这些行为包括：采取利诱、胁迫等手段侵占他人科技成果或侵犯他人合法权益的行为；唆使他人盗窃或直接盗窃他人科技成果的科技间谍行为；剽窃他人科技成果的行为；其他侵害他人合法权益的行为。

促进科技成果转化法规定，以唆使窃取、利诱胁迫等手段侵占他人的科技成果，侵犯他人合法权益的，依法承担民事赔偿责任，可以处以罚款；构成犯罪的，依法追究刑事责任。

### 四、侵犯技术秘密的法律责任

在促进科技成果转化法中仅规定了职工侵犯商业秘密的法律责任。在其第五十一条规定，职工未经单位允许，泄露本单位的技术秘密，或者擅自转让、变相转让职务科技成果的，参加科技成果转化的有关人员违反与本单位的协议，在离职、离休、退休后约定的期限内从事与原单位相同的科技成果转化活动的，给原单位造成经济损失的，依法承担民事赔偿责任；构成犯罪的，依法追究刑事责任。

然而在科技成果转化中，侵犯商业秘密不仅限于职工的行为，侵权主体还可以是政府主管部门及其工作人员、中介机构及其工作人员、合作参与方，甚至是没有参与科技成果转化的第三人。在科技成果转化中，任何侵犯商业秘密的行为人，根据行为的严重后果，依照劳动合同法、劳动法、合同法或刑法等法律，将根据情节轻重分别承担侵犯商业秘密的民事或刑事责任。

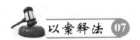

## 软件设计编程侵权案

2010年大连A公司独立开发完成印章治安管理信息系统V4.0和印章排版系统V1.0计算机软件，并办理了计算机软件著作权登记。2013年该公司与省公安厅印章制作管理中心签订《印章管理网络应用软件合同》，将上述两软件系统交付给公安厅使用，并负责软件的维护运行工作。2014年8月，双方协商将该软件系统进行升级改造，并由公司制作完成《升级改造方案》。孔某系大连A公司技术人员，负责软件的开发工作，并接触过涉案的软件源程序。在与公安厅洽谈升级改造方案的过程中，孔某代表公司负责与公安厅进行沟通相关事宜，但双方一直未就升级改造事宜达成合作协议。

2015年2月，孔某从公司辞职，成立以其为法定代表人的 B 公司，并于2016年9月与公安厅签订《印章治安管理信息系统更新改造协议》，约定：鉴于原软件系统存在的问题及新业务需要，对公安厅现有的印章治安管理信息系统软件进行更新改造，B 公司负责进行软件分析、设计、编码、测试、编写说明书、制作安装盘等全部工作，公安厅承诺给付开发费100万元。合同签订后，B 公司开始了该软件的设计编程工作，现已按协议约定完成了设计需求、软件分析、设计和编码部分工作，公安厅已给付70万元，尚有编写说明书、制作安装盘等相关工作未完成。

 释 解

A 公司对其独立开发完成的印章治安管理系统及印章排版系统软件享有著作权，依法受法律保护。对于计算机软件侵权判断，司法实践中主要采用实质性相似加接触原则。本案双方当事人争议的主要问题是被控侵权软件与 A 公司请求保护的软件是否构成实质性相似。

B 公司及孔某主张，两系统的源程序相同或相似的内容仅三段约70行，所占比例仅为0.2%，且三段中一段是根据行业标准编写；一段是按公安部标准规定的格式而写；一段是三角函数有限表达方式的应用，相同或相似部分散见于软件的不同部分，属于对他人作品的合理借鉴。法院结合孔某曾在 A 公司担任技术人员、并作为 A 公司的代表负责与案外人公安厅就印章系统软件的升级改造进行磋商，接触过软件源程序。B 公司及孔某对于相同或相似的源代码不能作出充分、合理的解释等事实，可以认定 B 公司被控侵权的软件源代码复制于 A 公司的源代码。由于 A 公司称升级改造系统尚未完成，所提交的源程序不完整，故虽然两者相同或相似部分源代码相对于整个软件来说所占比例较小，仍不影响对实质相似的认定。最终法院判决 B 公司及孔某的行为构成侵权，责令停止侵权行为，赔偿 A 公司的经济损失。

# 第六章
## 电信业务管理

　　我国电信业的公平竞争需要一系列法律法规来对电信市场进行规制。当前我国电信业的法律规制主要依靠反不正当竞争法和反垄断法，这两部法律对我国电信业的竞争产生约束，但只能对电信业的不正当竞争行为和垄断行为进行规制。2000年9月25日，国务院发布了电信条例，并于2014年、2016年进行了两次修订。电信条例明确了我国电信业规制要破除垄断、鼓励竞争，确立了电信业务许可制度、资源分配制度、互联互通制度、电信资费制度，列出了电信业中垄断行为的方式及相对应承担的法律责任，明确了行业规制部门在电信业执法中的管辖权。它在促进电信市场竞争、保护电信用户利益、引导产业发展等方面发挥了重要的推动作用，为中国电信业的改革提供了基本的法律保障。

# 第一节　概　述

## 一、电信的概念和特点

### （一）电信的概念

　　按照我国电信条例第二条第二款的规定，电信是指利用有线、无线的电磁系统或者光电系统，传送、发射或者接收语音、文字、数据、图像以及其他任何形式信息的活动。

### （二）电信的特点

　　电信同工业、农业等物质生产部门比较，具有自己的特点。电信生产（服务）的特点主要有：

### 1. 提供服务

电信为社会提供的效用不是实物形态的产品，而是提供劳务服务即电信服务。它不直接生产物质产品，而是通过信息的传递，即劳动对象（信息内容）的空间、场所的变更产生效用，在传递信息过程中并不改变劳动对象的实物形态，如电话传输，是将发话人的声波信息转换为电波信号，然后通过电路传输到对方，再还原成声波信息送给受话人。电信的这一特点，决定了对电信的基本要求，是保证将信息迅速、正确、可靠地传递给用户。

### 2. 用户使用

电信的生产过程就是用户的使用过程。电信的这一特点，决定了用户对电信能否迅速完成生产过程是极为关心的。因此，电信企业必须不断提升电信能力，改善技术设备，增加服务网点，开办多种业务，使电信更好地为用户服务。

### 3. 全网联合

电信是全程全网联合作业。为确保电信畅通，必须根据电信全程全网联合作业的特点，建立统一的电信网和相应的指挥调度系统，统一的技术业务体制和标准及规章制度，以保证从一个用户到任何一个用户电信的畅通。

### 4. 沟通纽带

电信已成为现代生产过程在流通领域的继续和进行社会再生产的发展条件，是沟通工农业之间、城乡之间、企业之间经济活动的纽带，也是国内外之间联系的桥梁，它的存在与发展，必须适应社会主义市场经济建设和人民生活的需要。电信是国民经济的基础设施，是社会公用基础设施之一，处于国民经济"先行官"的位置，因此，电信事业必须超前或优先发展。

电信的这些特点决定了电信是国民经济的基础设施和社会发展的必要条件，其作为经济活动的独特部门和作为其他经济活动的基本传输手段而起到了双重作用，我们必须以此为基点或作为出发点来认识了解电信法律的调整对象。

## 二、电信条例调整对象

我国的电信条例主要是调整在电信活动中，电信管理部门、电信企业、电信用户之间及其相互之间权利义务关系的法律规范的总和。

第一，电信管理部门之间的关系。包括国家电信主管部门与地方电信管理部门之间的关系和电信管理部门与相关管理部门之间的关系两种。国家电信主管部门与地方电信

管理部门之间的关系，主要表现在电信行政管理体制和电信主管部门的设置、分工

与职责等方面；电信管理部门与相关管理部门之间的关系，主要表现在电信管理中的分工与职责等方面。

第二，电信管理部门与电信企业之间的关系。主要表现在电信市场准入和电信市场监督管理等方面，它是电信关系中最重要的一种关系。

第三，电信企业之间的关系。主要表现在电信企业之间公平竞争和电信企业电信网之间互联互通等方面。

第四，电信企业与用户的关系。主要表现在电信企业与电信用户之间在提供或接受电信服务过程中的服务质量、价格及纠纷处理等方面的权利义务。这也是电信关系中重要的组成部分，是我国电信条例调整对象中的重要部分。

### 三、电信管理体制

我国对电信行业的监管属于专门部门分级监管，全国的信息产业主管部门依照电信条例对全国电信业实施监督管理，省、自治区、直辖市电信管理机构在国务院信息产业主管部门的领导下，依照电信条例的规定对本行政区域内的电信业实施监督管理。

### 四、电信业管理原则

电信条例规定，电信监督管理遵循政企分开、破除垄断、鼓励竞争、促进发展和公开、公平、公正的原则。

#### （一）政企分开原则

在电信市场监督管理中坚持政企分开，就是要实现原有电信监督管理机构既要制定电信业的政策和发展规划，维护电信市场秩序，又要使电信业国有资产的所有者和直接经营者的政企合一职能得以分离，使电信监督管理机构成为市场竞争活动的裁判者和电信市场的监督管理者，使电信业务经营者成为独立开展电信业务活动的市场主体。

#### （二）破除垄断、鼓励竞争原则

我国电信监督管理遵循破除垄断、鼓励竞争的原则，以促使电信市场形成一个有效的竞争局面，以促进电信业的健康发展。破除垄断既要破除电信业务市场份额的垄断，又要破除电信价格等方面的垄断。鼓励竞争是鼓励有效的市场竞争，防止过度竞争，损害电信市场正常秩序，甚至出现新的垄断。

#### （三）公开、公平、公正原则

"公开"即指政府电信管制所依据的各项规定、依据、办事程序对社会完全公开。

"公平"就是合理平衡，包括三个方面：（1）对待不同的业务经营者要公平，不能因人而异，施行不同的政策；（2）管制者与被管制者之间要公平，既有对被管制者制定的规则，也要有对管制者确定的要求；（3）处罚公平，在处罚时要错罚相适应，量刑准确。

"公正"就是公平正直、没有偏私。要求政府电信主管部门秉公办事，对不同的监督管理对象，均应严格按照法律规定，一视同仁，公平对待。

# 开展宽带接入服务行为专项整治工作

近年来，随着"宽带中国"战略和网络提速降费工程的持续推进，我国宽带发展水平显著提升，宽带接入供给能力持续增强，宽带接入用户规模不断扩大。但在发展过程中也出现了部分企业宽带接入速率不达标、虚假或夸大宣传等服务问题，侵害了广大用户的合法权益。为落实2017年电信行业行风建设暨纠风工作电视电话会议精神，进一步规范宽带接入服务行为，维护用户合法权益，促进行业健康发展，营造有利于创业创新的发展环境，工业和信息化部决定在全国范围内开展宽带接入服务行为专项整治工作，重点整治以下问题：

一、业务宣传不规范问题

各企业要切实落实《关于规范电信业务推广和服务宣传工作有关问题的通知》等文件要求，在进行业务宣传时，应做到真实、准确、通俗易懂；实行明码标价，标示醒目，价目齐全，确保用户明明白白消费。不得有以下行为：

（1）虚假宣传或夸大宣传，如将光纤到楼宣传为光纤到户，将未完成全面光改的小区宣传为光纤全覆盖，夸大宽带接入速率，宽带产品名称与实际接入速率不符等。

（2）不按规定明码标价，如利用虚假的或使人误解的标价内容、标价方式进行价格欺诈，在标价之外收取未予标明的费用，免费试用期结束后未经用户同意擅自收费等。

（3）隐瞒或模糊接入速率实现条件，如将共享带宽宣传为独享带宽，向用户隐瞒共享情形下的接入速率，含糊其辞或使用晦涩难懂的表述误导用户等。

二、协议内容不完善问题

各企业要切实落实《工业和信息化部关于规范电信服务协议有关事项的通知》等文件要求，在与用户订立互联网接入服务协议时，要明确约定以下事项，并以显著的方式提醒用户注意：

（1）宽带上、下行速率。

（2）与宽带上下行速率对应的资费标准及交费方式。

（3）宽带接入实现方式，如光纤到楼（FTTB）、光纤到户（FTTH）、非对称数字用户线路（ADSL）等。

各企业要严格规范服务协议订立行为，确保内容真实、完整、清晰，不得隐瞒或淡化限制条款，并按照与用户订立的协议提供服务。

三、宽带接入速率不达标问题

各企业要严格落实《互联网接入服务规范》文件要求，参照《宽带速率测试方法 固定宽带接入》（YD/T 2400-2012）规定的测速方法，确保有线接入速率的平均值达到签约速率的90%。要在服务承载能力范围内发展用户，确保用户宽带接入速率达标。

# 第二节　电信市场与电信服务

## 一、电信市场

我国法律对电信市场运作的一些监管问题，主要围绕电信业务的许可制度、电信业务的网间互联、电信业资费、电信业资源等内容进行。

### （一）电信业务许可制度

1. 电信业务许可的概念

电信业务许可，是电信行政管理机关依法批准并赋予电信业务经营者拥有电信业务经营资格的一种法定凭证。颁发电信业务经营许可是电信行政管理机关的一种行政管理行为，它属行政许可范畴。所谓行政许可，是行政机关应行政相对方的申请，通过颁发许可证、执照等形式，依法赋予行政相对方从事某种活动的法律资格或实施某种行为的法律权利的行政行为。

2. 设立电信许可的目的

随着经济体制的改革和市场经济的建立，政府的管理模式从直接管理逐渐向间接调控过渡，许可即是间接管理的一种手段。通过许可，政府可以有效地调控社会的生产、经济规模、市场容量，维护市场秩序，防止不正当竞争，可以有效地利用社会资源，避免浪费。行政许可制度还有利于维护国家利益和社会公共利益及安全，保护管理相对人（许可证获得者）的合法权利。

电信业务经营许可，是电信主管部门依法赋予企业经营电信网络设施或提供电信业务服务权利的行政管理行为，它是随着电信业务市场由垄断向竞争的进程逐步发展起来的。一般而言，统一经营时期，政府部门或国有通信公司在特许之下垄断经营电信业务；市场开放初期，在某些增值电信业务或基础电信业务领域，通过发放经营许可证逐步引入新的竞争者；市场开放程度较高时，通过一整套许可制度体系，对不同的电信业务经营者分别加以规范，以体现国家产业政策，维护良好的市场秩序。

电信条例第七条规定："国家对电信业务经营按照电信业务分类，实行许可制度。经营电信业务，必须依照本条例的规定取得国务院信息产业主管部门或者省、自治区、直辖市电信管理机构颁发的电信业务经营许可证。未取得电信业务经营许可证，任何组织或者个人不得从事电信业务经营活动。"该条明确国家对经营电信业务采取经营许可的市场准入管理制度。取得经营许可证后可以合法进入电信业务市场，参与电信业务市场的公平竞争，经营许可证是进入电信业务市场的法定凭证。

3. 申请经营基础电信业务

根据电信条例第十条的规定，经营基础电信业务应当具备下列条件：（1）经营者为依法设立的专门从事基础电信业务的公司，且公司中国有股权或者股份不少于51%；（2）有可行性研究报告和组网技术方案；（3）有与从事经营活动相适应的资金和专业人员；（4）有从事经营活动的场地及相应的资源；（5）有为用户提供长期服务的信誉或者能力；（6）国家规定的其他条件。

办理电信业务。

申请经营基础电信业务，应当向国务院信息产业主管部门提出申请，并提交上述文件。国务院信息产业主管部门应当自受理申请之日起180日内审查完毕，作出批准或者不予批准的决定。予以批准的，颁发《基础电信业务经营许可证》；不予批准的，应当书面通知申请人并说明理由。

经营基础电信业务的，必须经工业和信息化部审查批准，取得《基础电信业务经营许可证》后方可开展经营活动。其他任何部门或省级电信管理机构无权对经营基础电信业务的进行审批，否则是无效行为。对于未获得《基础电信业务经营许可证》的，一律不得经营基础电信业务。

4. 申请经营增值电信业务

经营增值电信业务，应当符合以下条件：（1）经营者为依法设立的公司；（2）有与开展经营活动相适应的资金和专业人员；（3）有为用户提供长期服务的信誉或者能力；（4）国家规定的其他条件。并应当向国务院信息产业主管部门或者省、自治区、直辖市电信管理机构提出申请，并提交满足上述条件的相关文件。申请经营的增值电信业务，按照国家有关规定须经有关主管部门审批的，还应当提交有关主管部门审核同意的文件。国务院信息产业主管部门或者省、自治区、直辖市电信管理机构应当自收到申请之日起60日内审查完毕，作出批准或者不予批准的决定。予以批准的，颁发《跨地区增值电信业务经营许可证》或者《增值电信业务经营许可证》；不予批准的，应当书面通知申请人并说明理由。

经营增值电信业务的，若业务覆盖范围在两个省（含两个省）、自治区、直辖市以上，也就是跨省（自治区、直辖市）经营的，须经工业和信息化部审查批准，取得《跨地区增值电信业务经营许可证》后方可经营；若业务覆盖范围只在一个省、自治区、直辖市行政区域范围内，则须在本省、自治区、直辖市电信管理机构办理，经审查批准，取得《增值电信业务经营许可证》后方可经营。对于未获得《增值电信业务经营许可证》的，一律不得经营增值电信业务。

**（二）电信业务的网间互联**

电信网间互联是指为了建立电信网络之间的有效通信联接以使某一电信业务经营者的用户与另一电信业务经营者的用户进行通信或使用另一电信业务经营者提供的业务，而将所有提供电信业务的经营者的网络联接起来。

电信网络之间的互联对竞争环境下各电信业务经营者的网络顺利运行具有重要意义。只有实现互联互通，新参与竞争者才能提供完善的服务、更好地参与竞争；不同电信业务经营者之间的用户才能进行通信，用户才能使用不同电信业务经营者提供的业务，充分享受到竞争带来的好处；同时可以促进网络资源的有效使用，避免不必要的重复建设，保证我国电信业务市场的有效竞争。

1. 电信网之间实现互联互通应当遵循的原则

（1）技术可行原则。竞争环境下，不同电信业务经营者的网络之间要实现互联互通，必须要解决一系列的技术问题，互联点的数量和地理位置。新的电信业务经营者与主导的电信业务经营者的网络要实现互联互通，首先要确定两个网络相联接的互联点，互联点的数量和地理位置对新的电信业务经营者的互联成本有很大影响，而且互联点的选取除了要考虑新的电信业务经营者的互联成本外，还要照顾到充分利用网络资源、发挥总体效益和互联点的长期稳定性问题。

（2）经济合理原则。互联费是两家电信业务经营者的网络由于互联互通所发生的费用，它在新的电信业务经营者的各项支出中占有很大的比重。互联收费的标准关系到互联互通双方的投资和经营策略，尤其对新的电信业务经营者的生存和发展有很大的影响，往往是互联双方争议的重点和焦点问题，因此必须按照经济合理、保证双方的经济利益的原则处理互联互通的费用问题，以保证互联的顺利实施、市场竞争有效地开展。

（3）公平公正原则。电信网间互联的公平公正原则体现在两个方面：一是主导的电信业务经营者要公平公正地对待本网的用户和新的电信业务经营者的用户，以及公平公正地对待其他任何一个新的电信业务经营者；二是国务院信息产业主管部门和各省、自治区、直辖市电信管理机构要公平公正地处理电信业务经营者之间的互联争议问题。

（4）相互配合原则。电信网间的互联互通是一个十分复杂的过程。新的电信业务经营者的网络要与主导的电信业务经营者的网络实现互联互通，要经历新的电信业务经营者提出互联要求、双方进行互联协商并就有关问题订立互联协议、工程建设、费用的分摊、互联时限、互联后的网络管理、计费与结算等过程，因此互联双方必须认真合作、相互配合。

2.主导的电信业务经营者的定义、责任及义务

（1）定义。主导的电信业务经营者，一般是指经营固定本地电话业务并占本地网范围内同类业务市场份额50%以上的电信业务经营者，并对其他电信业务经营者进入电信业务市场能构成实质性的影响。对其他电信业务经营者，若其某种业务在同类业务中也占有较大比例份额，对另外的电信业务经营者进入电信业务市场也构成了实质性的影响，国务院信息产业主管部门也可以确定其为主导的电信业务经营者。

我还在乡下，暂时无法离开。

（2）责任及义务。由于主导的电信业务经营者占据了本地电话业务市场中的绝大部分市场份额，而且它拥有本地电话网络中如管道、光缆和用户线路等必要的基础电信设施，对其他电信业务经营者进入电信业务市场及电信网间的互联，构成了实质性的影响。因此主导的电信业务经营者有责任及义务在技术上可行、经济上合理、不影响通信网络安全的互联点上，与要求互联的新电信业务经营者在规定时限内实现网间互联。

主导的电信业务经营者有责任及义务向要求互联的新电信业务经营者提供与互联有关的网络设备功能、机房、管道等必要的基础设施，并保证以不低于其网络内部同类业务的通信质量提供电信业务。

主导的电信业务经营者应当按照非歧视和透明化的原则，制定包括网间互联的程序、时限、非捆绑网络元素目录等内容的互联规程。互联规程应当报国务院信息产业主管部门审查同意。该互联规程对主导的电信业务经营者的互联互通活动具有约束力。

3. 电信业务运营者之间的争议解决

根据我国电信条例的规定，网间互联双方经协商未能达成网间互联协议的，自一方提出互联要求之日起60日内，任何一方均可以按照网间互联覆盖范围向国务院信息产业主管部门或者省、自治区、直辖市电信管理机构申请协调；收到申请的机关应当依照技术可行、经济合理、公平公正、相互配合的原则进行协调，促使网间互联双方达成协议；自网间互联一方或者双方申请协调之日起45日内经协调仍不能达成协议的，由协调机关随机邀请电信技术专家和其他有关方面专家进行公开论证并提出网间互联方案。协调机关应当根据专家论证结论和提出的网间互联方案作出决定，强制实现互联互通。

（三）电信资费

1. 决定因素

我国电信资费实行的是促进电信行业发展，同时兼顾国家、集体和个人利益的资费政策，成本只是定价的一个因素。通过十几年的发展，电信行业已经成为我国国民经济发展的一个重要增长点。随着电信行业政企分离，电信业务经营者真正走向市场，电信资费实行以成本为基础的定价已势在必行。但是，电信行业毕竟是一个非常重要的基础性行业，制定电信资费除了考虑成本因素外，还应当考虑国民经济与社会发展要求、电信行业的发展以及用户的承受能力等诸多因素。

电信服务业的发展水平是政府定价、政府指导价的重要依据之一，也是电信业务经营者自主定价的依据之一。电信用户的承受能力既是政府定价、政府指导价的重要依据，也是电信业务经营者自主定价的重要依据。我国是一个发展中国家，国民收入和人民的生活水平还不是很高。如果电信资费过高，电信用户的负担就要重一些，一些收入较低的农民和城镇居民可能享受不到更好的电信服务，这种情况不仅违背了电信普遍服务的原则，也不利于电信服务业的发展。当然，如果电信资费过低，电信业务经营者收益就会减少甚至会导致企业亏损，这对于日新月异的电信行业的发展也会产生不利的影响。

2. 价格组成

电信资费的价格组成与价格法规定相一致，电信资费分为市场调节价、政府指导价和政府定价三种形式。按照价格法的规定，市场调节价是由经营者自主制定，通过市场竞争形成的价格。这种定价方式，定价主体是双重的，政府首先规定基准价及其浮动幅度，电信业务经营者在其浮动幅度范围内制定具体价格。这既体现了政府定价的强制性，也体现了电信业务经营者自主定价的灵活性；政府定价，是由政府价格主管部门或者其他有关部门，按照定价权限和范围制定的价格。这种定价方式，定价主体是政府，未经相关部门的批准，任何单位和个人都无权改变政府制定的价格。

（1）基础电信业务资费。基础电信业务资费实行政府定价、政府指导价或者市场调节价。基础电信业务是指公共网络基础设施、公共数据传送和基本话音通信服务。主要包括：固定网络国内长途及本地电话业务，移动网络电话和数据业务，卫星通信及卫星移动通信业务，互联网及其他公共数据传送网络业务，宽带网络业务，光缆、光纤、电路及其他网络元素出租、出售业务，国际通信基础设施、国际电信业务，转售的基础电信业务，等等。其中，无线寻呼业务和转售的基础电信业务应当按增值电信业务管理。

就目前情况来看，在基础电信业务的三种定价形式中，政府定价、政府指导价占有主导地位，市场调节价起辅助作用。这是因为基础电信业务在电信服务业中与人民日常生活最为密切，尤其是在我国的电信市场的发展初期，政府控制基础电信业务的价格对于建立一个健康、公平、有序的电信市场环境，对于维护国家利益、保护电信用户和电信业务经营者的合法权益，是至关重要的。

（2）增值电信业务资费。增值电信业务资费实行市场调节价或者政府指导价。增值电信业务是指利用公共网络基础设施提供的电信与信息服务。主要包括：电子邮件，语言信箱，在线信息库检索，电子数据交换，在线数据处理与交易处理，增值传真，互联网接入服务，互联网内容服务等。

增值电信业务是建立在基础电信业务之上的电信业务，相对于基础电信业务而言，增值电信业务处于次要地位，因此，在资费上实行以市场调节价为主，以政府指导价为辅，并且不实行政府定价的原则。

市场竞争充分的电信业务，电信资费实行市场调节价。由垄断到相对竞争再到自由竞争，是世界各国电信行业发展的基本规律，我国电信业的发展也是如此。在过去，由于没有竞争，我国电信资费的定价形式只有政府定价和政府指导价，企业没有定价权。随着政企分开、电信市场主体多元化，我国电信市场已经从垄断阶段走到相对竞争阶段。

（四）电信资源

电信资源管理是电信管制的一个重要方面，促进资源的有效利用是电信管制的基本目的之一。

电信资源一般包括频率、码号、卫星轨道等。从提高资源的使用效率来看，对资源使用多实行收费制度，一般是通过招标、拍卖的方式进行分配，但也有采用指配方式的。

国家对电信资源统一规划、集中管理、合理分配，实行有偿使用制度。电信业务经营者占有、使用电信资源，应当缴纳电信资源费。

电信资源的分配，应当考虑电信资源规划、用途和预期服务能力。分配电信资源，可以采取指配的方式，也可以采用拍卖的方式。

取得电信资源使用权的，应当在规定的时限内启用所分配的资源，并达到规定的最低使用规模。未经国务院信息产业主管部门或者省、自治区、直辖市电信管理机构批准，不得擅自使用、转让、出租电信资源或者改变电信资源的用途。

## 二、电信服务

电信经营者掌握的电信资源具有垄断性质，电信服务关系到国计民生，其重要意义不言而喻，故电信服务不同于其他类型的服务可以主要依靠市场力量进行调节管理，电信服务的垄断性和社会公共性要求电信业务经营者遵守比一般的服务行业更高的规范。

### （一）电信经营者义务

#### 1.公开备案义务

根据电信条例的规定，电信业务经营者应当按照国家规定的电信服务标准向电信用户提供服务。电信业务经营者提供服务的种类、范围、资费标准和时限，应当向社会公布，并报省、自治区、直辖市电信管理机构备案。电信用户有权自主选择使用依法开办的各类电信业务。

#### 2.及时安装及报修义务

电信用户申请安装、移装电信终端设备的，电信业务经营者应当在其公布的时限内保证装机开通；由于电信业务经营者的原因逾期未能装机开通的，应当每日按照收取的安装费、移装费或者其他费用数额百分之一的比例，向电信用户支付违约金。

电信用户申告电信服务障碍的，电信业务经营者应当自接到申告之日起，城镇48小时、农村72小时内修复或者调通；不能按期修复或者调通的，应当及时通知电信用户，并免收障碍期间的月租费用。但是，属于电信终端设备的原因造成电信服务障碍的除外。

#### 3.提供查询、及时告知义务

电信业务经营者应当为电信用户交费和查询提供方便。电信用户要求提供国内长途通信、国际通信、移动通信和信息服务等收费清单的，电信业务经营者应当免费提供。

电信用户出现异常的巨额电信费用时，电信业务经营者一经发现，应当尽可能迅速告知电信用户，并采取相应的措施。

根据我国电信条例的规定，巨额电信费用，是指突然出现超过电信用户此前3个月平均电信费用5倍以上的费用。

### 4. 维修告知义务

电信业务经营者因工程施工、网络建设等原因，影响或者可能影响正常电信服务的，必须按照规定的时限及时告知用户，并向省、自治区、直辖市电信管理机构报告。

因以上的原因中断电信服务的，电信业务经营者应当相应减免用户在电信服务中断期间的相关费用。若电信业务经营者未及时告知用户的，应当赔偿由此给用户造成的损失。

### 5. 其他义务

根据我国电信条例的规定，电信业务经营者不得有以下行为：（1）以任何方式限定电信用户使用其指定的业务；（2）限定电信用户购买其指定的电信终端设备或者拒绝电信用户使用自备的已经取得入网许可的电信终端设备；（3）无正当理由拒绝、拖延或者中止对电信用户的电信服务；（4）对电信用户不履行公开作出的承诺或者作容易引起误解的虚假宣传；（5）以不正当手段刁难电信用户或者对投诉的电信用户打击报复；（6）以任何方式限制电信用户选择其他电信业务经营者依法开办的电信服务；（7）对其经营的不同业务进行不合理的交叉补贴；（8）以排挤竞争对手为目的，低于成本提供电信业务或者服务，进行不正当竞争。

### （二）电信用户的及时缴费义务

#### 1. 加收 3‰违约金

电信用户应当按照约定的时间和方式及时、足额地向电信业务经营者交纳电信费用；电信用户逾期不交纳电信费用的，电信业务经营者有权要求补交电信费用，并可以按照所欠费用每日加收 3‰的违约金。

#### 2. 暂停服务

对超过收费约定期限30日仍不交纳电信费用的电信用户，电信业务经营者可以暂停向其提供电信服务。

#### 3. 终止服务，并追缴欠费和违约金

电信用户在电信业务经营者暂停服务60日内仍未补交电信费用和违约金的，电信业务经营者可以终止提供服务，并可以依法追缴欠费和违约金。

#### 4. 迟延交纳

经营移动电信业务的经营者可以与电信用户约定交纳电信费用的期限、方式，不受前款规定期限的限制。

电信业务经营者应当在迟延交纳电信费用的电信用户补足电信费用、违约金后的48小时内，恢复暂停的电信服务。

### （三）争议解决

电信业务经营者提供的电信服务达不到国家规定的电信服务标准或者其公布的

企业标准的，或者电信用户对交纳电信费用持有异议的，电信用户有权要求电信业务经营者予以解决；电信业务经营者拒不解决或者电信用户对解决结果不满意的，电信用户有权向国务院信息产业主管部门或者省、自治区、直辖市电信管理机构或者其他有关部门申诉。收到申诉的机关必须对申诉及时处理，并自收到申诉之日起30日内向申诉者作出答复。

电信用户对交纳本地电话费用有异议的，电信业务经营者还应当应电信用户的要求免费提供本地电话收费依据，并有义务采取必要措施协助电信用户查找原因。

 以案释法 08

## 王某诉某公司电信服务合同纠纷案

2014年10月18日，原告王某在被告某电信运营分公司营业厅办理移动手机卡。当日，原告王某与该公司签订《移动电话号码月定额抵扣消费协议》一份，该协议约定（协议第1、2条划线部分为双方协商的填充内容）：（1）乙方（原告王某）自愿选择办理移动号码137****9888，品牌资费全商旅388元，承诺该移动号码消费不低于每月定额抵扣标准，即388元，并在此号码账户上首次预存2000元人民币的话费，承诺20年内使用甲方移动网络，承诺年内不得过户；（2）乙方移动号码137****9888自愿办理过户、分合户、改资料、销户移动业务时，需按照甲方规定的相关流程办理，承诺该移动号码消费不低于每月定额抵扣标准，即388元。若因乙方提供身份资料的真实性有问题或乙方使用过程中违反甲方业务规定，甲方有权对该号码进行处理。合同第9条还约定："乙方在结清所有月定额抵扣费用及超额部分费用后，可以提前解除活动办理销号，甲方收回该移动号码。"协议签订后，原告王某预存了2000元话费，被告某电信运营分公司开具发票，原告王某取得了137****9888号码的使用权，一直使用至今。此后，因原告王某未向被告某电信运营分公司缴纳话费，该号码被暂停服务，原告王某未到被告某电信运营分公司办理销号手续。原告王某认为，被告某电信运营分公司以所谓优质号码上绑定相应的消费套餐，设置最低消费标准，不符合我国现行电信条例第四十一条、消费者权益保护法第九条、合同法第四十条的规定，向法院提起诉讼，请求确认原告王某与被告某电信运营分公司签订的《移动电话号码月定额抵扣消费协议》无效。法院最终驳回了王某的诉讼请求。

释解

根据电信条例规定，电信资费实行市场调节价。电信业务经营者应当统筹考虑生产经营成本、电信市场供求状况等因素，合理确定电信业务资费标准。国家对电信资源统一规划、集中管理、合理分配、实行有偿使用制度。前述所称电信资源，是指无线电频率、卫星轨道位置、电信网码号等用于实现电信功能且有限的资源。电信用户有权自主选择使用依法开办的各类电信业务。原告王某与被告某电信运营分公司之间的《移动电话号码月定额抵扣消费协议》，系双方在自愿、平等的基础上签订，原告王某有权按照电信条例的规定自主选择依法开办的各类电信业务，同时也应按照电信条例的规定对其占用的移动电话码号资源和服务标准进行缴费，被告有权收取相应的通话资费，并提供相应的服务。

原告王某在签订协议时，自主选择商旅版388元的资费标准，是原告王某的真实意思表示，原告王某订购套餐同时选择使用尾数连号为"888"号码，被告按要求向原告王某进行了提供。根据电信条例规定电信网码号属有限的资源，对于带有尾数"888"移动电话码号属于不可重复的有限电信资源，该类号码在大众的消费中通常认为是"吉祥号码"，属于大众喜爱并一号难求的号码，因此带有该号码的资源在市场中的使用价值必然不同。原告王某取得该号满足了其心理需求，实现了其合同目的，对工作和生活带来便利，并就收取话费服务与被告达成一致，享受被告提供的全商旅388元的套餐优惠服务，双方签订的《移动电话号码月定额抵扣消费协议》体现了当事人的自愿原则和自治原则，不存在强制消费的情形，且不违反法律禁止性的规定，该协议合法有效。被告提供的协议除空白填充部分外，其余均为统一适用的格式条款，签订协议时，双方均有审查的义务，原告王某知优质号码有相应的套餐资费标准，一方面选择"优质号码"，享受稀有电话号码资源和特殊电信服务，另一方面要求选择最低消费套餐，此要求与现行的电信服务方式多样化，市场需求的多元化不相符，不符合市场调节价的规律和要求，既未体现号码资源的使用价值，又未体现套餐优惠价格。根据《移动电话号码月定额抵扣消费协议》和客户入网服务协议的约定，原告王某有权随时更换号码或修改相应的套餐服务，两者同时并存并无不合理情形，被告根据市场需求采取不同的收费标准并未违反法律规定，故原告王某提出存在捆绑消费、设置最低消费违法的理由不充分。

## 第三节　电信建设与电信安全

在本部分主要介绍我国有关电信建设和电信安全方面的法律知识，在电信建设这部分的主要内容为我国电信基础设施建设的规范以及电信设备制造入网方面的规范。在电信安全方面，国家通过立法列举的形式规定了禁止利用电信网络进行的违法行为，以及有关破坏电信市场秩序的行为。

## 一、电信建设

优质、高效、安全的电信服务的提供，离不开电信基础建设的成熟发展，以及电信通讯设备的有序、统一的接入。电信基础设施建设前期投入巨大，所以如何做到市场有序竞争与避免重复建设浪费资源的平衡，一直是立法者在制定相关法律时所要考虑的重要因素。

### （一）电信设施建设

电信设施的建设分为专门电信设施包括公用电信网、专用电信网、广播电视传输网和附属电信设施，其规划和建设都要遵循事先经过相关主要部门批准备案，统一规划实施的原则。

公用电信网、专用电信网、广播电视传输网的建设应当接受国务院信息产业主管部门的统筹规划和行业管理。属于全国性信息网络工程或者国家规定限额以上建设项目的公用电信网、专用电信网、广播电视传输网建设，在按照国家基本建设项目审批程序报批前，应当征得国务院信息产业主管部门同意。基础电信建设项目应当纳入地方各级人民政府城市建设总体规划和村镇、集镇建设总体划。

城市建设和村镇、集镇建设应当配套设置电信设施。建筑物内的电信管线和配线设施以及建设项目用地范围内的电信管道，应当纳入建设项目的设计文件，并随建设项目同时施工与验收。所需经费应当纳入建设项目概算。

有关单位或者部门规划、建设道路、桥梁、隧道或者地下铁道等，应当事先通知省、自治区、直辖市电信管理机构和电信业务经营者，协商预留电信管线等事宜。

基础电信业务经营者可以在民用建筑物上附挂电信线路或者设置小型天线、移动通信基站等公用电信设施，但是应当事先通知建筑物产权人或者使用人，并按照省、自治区、直辖市人民政府规定的标准向该建筑物的产权人或者其他权利人支付使用费。

从事施工、生产、种植树木等活动，不得危及电信线路或者其他电信设施的安全或者妨碍线路畅通；可能危及电信安全时，应当事先通知有关电信业务经营者，并由从事该活动的单位或者个人负责采取必要的安全防护措施。

从事电信线路建设，应当与已建的电信线路保持必要的安全距离；难以避开或者必须穿越，或者需要使用已建电信管道的，应当与已建电信线路的产权人协商，并签订协议；经协商不能达成协议的，根据不同情况，由国务院信息产业主管部门或者省、自治区、直辖市电信管理机构协调解决。

### （二）电信设备进网

电信服务的开展最终要借助于一定的电信终端来实现，电信终端设备是电信系统中用于向信道发送信号和（或）从信道接收信号的设备，包括移动电话、无绳电话、步谈机、传真机以及各类寻呼机等。

国家对电信终端设备、无线电通信设备和涉及网间互联的设备实行进网许可制度。接入公用电信网的电信终端设备、无线电通信设备和涉及网间互联的设备，必须符合国家规定的标准并取得进网许可证。实行进网许可制度的电信设备目录，由国务院信息产业主管部门会同国务院产品质量监督部门制定并公布施行。

1.设备入网的审批程序

办理电信设备进网许可证的，应当向国务院信息产业主管部门提出申请，并附送经国务院产品质量监督部门认可的电信设备检测机构出具的检测报告或者认证机构出具的产品质量认证证书。

国务院信息产业主管部门应当自收到电信设备进网许可申请之日起60日内，对申请及电信设备检测报告或者产品质量认证证书审查完毕。经审查合格的，颁发进网许可证；经审查不合格的，应当书面答复并说明理由。

2.电信设备生产者的相关义务

电信设备生产企业必须保证获得进网许可的电信设备的质量稳定、可靠，不得降低产品质量和性能。

电信设备生产企业应当在其生产的获得进网许可的电信设备上粘贴进网许可标志。

国务院产品质量监督部门应当会同国务院信息产业主管部门对获得进网许可证的电信设备进行质量跟踪和监督抽查，公布抽查结果。

## 二、电信安全

电信业务覆盖面广，电信安全关系到国计民生和社会的长治久安，我国的电信条例设置了电信服务经营者、电信设备制造者、电信用户、电信业务监管者的相关职权、义务来规制电信安全问题。

### （一）禁止利用电信业务进行破坏社会秩序的行为

电信业务在方便公众生活的同时，也会被一些不法分子利用，从事违法犯罪行为，近年来电信诈骗猖獗，严重危害电信安全和人民财产安全，应当坚决打击，我国的电信条例列举了以下几类应当禁止的利用电信服务制作、复制、发布、传播含有下列内容的信息：（1）反对宪法所确定的基本原则的；（2）危害国家安全，泄露国家秘密，颠覆国家政权，破坏国家统一的；（3）损害国家荣誉和利益的；（4）煽动民族仇恨、民族歧视，破坏民族团结的；（5）破坏国家宗教政策，宣扬邪教和封建迷信的；（6）散布谣言，扰乱社会秩序，破坏社会稳定的；（7）散布淫秽、色情、赌博、暴力、凶杀、恐怖或者教唆犯罪的；（8）侮辱或者诽谤他人，侵害他人合法权益的；（9）含有法律、行政法规禁止的其他内容的。

**（二）禁止从事危害电信网络安全和信息安全的行为**

我国的电信条例第五十七条规定，禁止任何组织和个人从事以下行为：（1）对电信网的功能或者存储、处理、传输的数据和应用程序进行删除或者修改；（2）利用电信网从事窃取或者破坏他人信息、损害他人合法权益的活动；（3）故意制作、复制、传播计算机病毒或者以其他方式攻击他人电信网络等电信设施；（4）危害电信网络安全和信息安全的其他行为。

**（三）禁止从事扰乱电信市场秩序的行为**

我国的电信条例第五十八条规定，禁止任何组织和个人从事以下行为：（1）采取租用电信国际专线、私设转接设备或者其他方法，擅自经营国际或者香港特别行政区、澳门特别行政区和台湾地区电信业务；（2）盗接他人电信线路，复制他人电信码号，使用明知是盗接、复制的电信设施或者码号；（3）伪造、变造电话卡及其他各种电信服务有价凭证；（4）以虚假、冒用的身份证件办理入网手续并使用移动电话。

禁止从事扰乱电信市场秩序的行为。

电信业务经营者应当按照国家有关电信安全的规定，建立健全内部安全保障制度，实行安全保障责任制。电信业务经营者在电信网络的设计、建设和运行中，应当做到与国家安全和电信网络安全的需求同步规划，同步建设，同步运行。在公共信息服务中，电信业务经营者发现电信网络中传输的信息明显属于电信条例中列举的应当禁止的属于危害电信安全的行为时，应当立即停止传输，保存有关记录，并向国家有关机关报告。

电信用户的通信秘密受法律保护，除因国家安全或者追查刑事犯罪的需要，由公安机关、国家安全机关或者人民检察院依照法律规定的程序对电信内容进行检查外，任何组织或者个人不得以任何理由对电信内容进行检查。电信业务经营者及其工作人员不得擅自向他人提供电信用户使用电信网络所传输信息的内容。

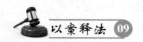

## 微信出故障应及时告知

2014年10月17日下午，微信出现异常，主要表现为断断续续无法成功发送消息。大量网友纷纷通过各种渠道反映，但微信团队保持缄默，于是网友纷纷把批评的矛头指向了三大运营商，正当三大运营商的客服一头雾水的时候，微信团队终于在官方微博站出来澄清，和运营商没有关系，是微信自己的服务器出现了问题。

微信出事，网民把矛头指向三大运营商，是去年舆论闹得沸沸扬扬的"微信要收费"事件的继续。2012年，从某移动公司老总在公开场合表示微信消耗大量信令资源，对运营商网络造成巨大压力以后，"运营商要对微信收费""运营商要封杀微信"之类的传闻就甚嚣尘上。虽然后来运营商和腾讯官方都对这样的不实传闻进行了澄清，因有传闻在前，此次微信出故障，不少用户第一反应就想到了运营商。

以微信为代表的OTT（"Over The Top"的缩写，是指通过互联网向用户提供各种应用服务。）应用由于用户众多，一旦发生事故，影响上千万乃至上亿用户。在微信推广初期，为了低成本运营，没有像运营商网络那样投入资金进行设备的备份和应急线路的布设，但是到了六七个亿的用户数量级，这个问题变得迫在眉睫，如果网络基础不牢，一旦可靠性出问题就会影响庞大的用户使用群体。

电信条例中明确规定："电信业务经营者因工程施工、网络建设等原因，影响或者可能影响正常电信服务的，必须按照规定的时限及时告知用户，并向省、自治区、直辖市电信管理机构报告。"2009年颁布的《电信服务规范》进一步明确，由于电信业务经营者检修线路、设备搬迁、工程割接、网络及软件升级等可预见的原因，应当提前72小时通告所涉及的用户。以微信为代表的OTT业务，已经具备了电信业务的特点，而且所涉及的用户量丝毫不亚于三大运营商，在发生故障时，应当履行在规定的时限内及时告知用户的义务。

# 第四节  相关法律责任

违反电信条例规定的行为，构成犯罪的，依法追究刑事责任；尚不构成犯罪的，由公安机关、国家安全机关依照有关法律、行政法规的规定予以处罚。以下将介绍几项重要的处罚制度。

（一）扰乱电信市场秩序

扰乱电信市场秩序，构成犯罪的，依法追究刑事责任；尚不构成犯罪的，由国务院信息产业主管部门或者省、自治区、直辖市电信管理机构依据职权责令改正，没收违法所得，处违法所得3倍以上5倍以下罚款；没有违法所得或者违法所得不足1万元的，处1万元以上10万元以下罚款。

（二）违反电信许可制度

伪造、冒用、转让电信业务经营许可证、电信设备进网许可证或者编造在电信设备上标注的进网许可证编号的，由国务院信息产业主管部门或者省、自治区、直辖市电信管理机构依据职权没收违法所得，处违法所得3倍以上5倍以下罚款；没有违法所得或者违法所得不足1万元的，处1万元以上10万元以下罚款。

有下列行为之一的，由国务院信息产业主管部门或者省、自治区、直辖市电信管理机构依据职权责令改正，没收违法所得，处违法所得3倍以上5倍以下罚款；没有违法所得或者违法所得不足5万元的，处10万元以上100万元以下罚款；情节严重的，责令停业整顿：（1）擅自经营电信业务的，或者超范围经营电信业务的；（2）未通过国务院信息产业主管部门批准，设立国际通信出入口进行国际通信的；（3）擅自使用、转让、出租电信资源或者改变电信资源用途的；（4）擅自中断网间互联互通或者接入服务的；（5）拒不履行普遍服务义务的。

（三）提供服务违反法律规定的

有下列行为之一的，由国务院信息产业主管部门或者省、自治区、直辖市电信管理机构依据职权责令改正，没收违法所得，处违法所得1倍以上3倍以下罚款；没有违法所得或者违法所得不足1万元的，处1万元以上10万元以下罚款；情节严重的，责令停业整顿：（1）在电信网间互联中违反规定加收费用的；（2）遇有网间通信技术障碍，不采取有效措施予以消除的；（3）擅自向他人提供电信用户使用电信网络所传输信息的内容的；（4）拒不按照规定缴纳电信资源使用费的。

（四）不正当竞争

在电信业务经营活动中进行不正当竞争的，由国务院信息产业主管部门或者省、自治区、直辖市电信管理机构依据职权责令改正，处10万元以上100万元以下罚款；情节严重的，责令停业整顿。

（五）监管失职

国务院信息产业主管部门或者省、自治区、直辖市电信管理机构工作人员玩忽职守、滥用职权、徇私舞弊，构成犯罪的，依法追究刑事责任；尚不构成犯罪的，依法给予行政处分。

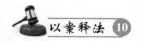

# 聂某诉某公司电信服务合同纠纷案

2015年3月，聂某起诉至法院称，应某电信运营商公司在网站和书面传单提出的要求，在2014年12月10日更换USIM卡（全球用户识别卡）并执行短信开通4G的指令，短信回执告知——"提示：您目前订购的套餐无法开通4G功能。如需开通4G功能，请先行取消移动数据流量MO（手机无线上网）包月套餐。"电信条例第四十条的规定，电信业务经营者在电信服务中，不得以任何方式限定电信用户使用其指定的业务；不得无正当理由拒绝、拖延或者中止对电信用户的电信服务。聂某据此认为，该电信运营公司已经严重违反了电信条例的规定，于是多次拨打该运营商的客服热线，提出开通4G功能的诉求，但均被客服人员以公司规定为由拒绝。聂某向工业和信息化部电信用户申诉处理中心申诉，被驳回。除此之外，聂某多次拨打热线咨询其使用的"全球通基础套餐"88商旅套餐中的流量是否2G / 3G / 4G通用，均得到肯定答复。但聂某提出想使用4G流量的时候，却遭到该电信客服拒绝，原因也是公司规定，如果想使用这部分4G流量必须放弃其现在使用的移动数据流量MO包月套餐。聂某因个人业务需求，希望将"全球通基础套餐"88商旅套餐的88元套餐变更为128元套餐，遂于2015年2月11日在该公司提供的服务网站上进行套餐变更操作，但该操作无法执行，网站提示"客户已订购移动数据流量产品MO包月套餐"，而在2014年6月聂某进行128元套餐变更88元套餐，很顺利办理成功。经咨询方知，该电信公司规定，2014年7月后包含MO包月套餐就不能办理套餐变更业务了。聂某尝试进行其他业务的操作，如变更其他套餐，追加"数据流量加油包"等，均没有成功。也就是说，除非聂某终止现在使用的移动数据流量MO包月套餐，否则无法办理任何套餐变更业务。聂某认为该电信公司的做法无非是以种种限制，让其放弃移动数据流量MO包月套餐。故聂某起诉至法院，要求：（1）无条件开通手机号139*********的4G业务；（2）无条件允许自由转换指定的"全球通基础套餐"；（3）赔偿诉讼过程中产生的误工费。法院经过审理驳回了聂某的全部诉讼请求。

释解

电信服务合同是指电信运营公司向电信用户提供语音和文字通讯、网络以及与上述业务相关的服务，用户向电信运营公司支付费用的合同。依法成立的合同，对当事人具有法律约束力，当事人应当按照约定全面履行自己的义务。本案中，聂某是该公司的手机用户，双方形成了电信服务合同关系。聂某办理的MO包月套餐的时间为2006年，处于我国移动通信市场第二代数字化系统阶段，尚无"4G"的概念，因此，聂某购买的该项套餐不包括4G上网产生的流量。随着移动通信技术发展，移动通信的传输速率不断提高，信息交流综合化和服务内容多样化等特点越来越显著，如果需要使用4G网络，还需要客户购买相应的4G套餐，支付相应的费用。故聂某申请无条件升级套餐的主张法律依据不足。另外，该电信公司提供的服务中，含有不同的业务套餐，随着移动通信技术发展，提供的套餐服务内容也在更新。在该电信公司提供的不同套餐内容存在业务互斥的情况下，用户有选择使用何种业务的权利，但该种选择应在该电信公司业务办理说明的框架内进行，不应同时要求办理存在互斥的业务。所以法院驳回了聂某全部诉讼请求。

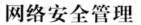

第七章

网络安全管理

互联网带来了生产方式、生活方式与信息传播方式的巨大变化。互联网监管应根据社会关系的变化和互联网本身的规律，进行整体结构设计。推进互联网法治建设，要坚持法治的基本原则和程序，充分发挥现行法律的作用，必要时通过修订和解释使之能够适应网络时代的要求，避免互联网立法贪大求全，简单重复现行法律的规定，防止部门立法与特殊规则可能带来的各种负面影响。对于现行法律确实无法解决的新情况、新问题，要尊重互联网内在规律，及时推进专门立法，解决网络空间各种行为无序现象。在充分发挥现行法律的基础性作用的同时，发挥互联网法多元治理机制的优势，共同推进网络空间法治化。

## 第一节　概　述

### 一、网络立法监管的必要性

法律是社会关系的调节器，信息化社会的来临，尤其是计算机技术与网络技术的结合，产生了新的社会关系，现有的法律制度无法解决新的社会问题时，就需要一套与之相适应的互联网法律制度。狭义的互联网立法主要是"解决因互联网而带来的新问题"的有关法律的总称，一般包括对知识产权法的修订、民商法的修订，对网上信息的法律监管、网上消费者权益保护、确定在线服务商的侵权责任、解决涉外民事诉讼中的新问题。与之相对，广义上的网络法律是以"网络"作为其规范领域的法律，网络法所调整的对象包括在虚拟空间中网络环境平台上的活动和行为所发生的各种法律关系，具体表现在以下四个方面：（1）关于网络法律关系的确认；（2）关于网络及其系统本身的建设、维护、运行、管理等活动和行为的规范；（3）关于发生在网络环境中各个平台上的各种活动和行为的规范，例如，电子商务、电子政务、网络安全、网络知识产权、网络个人隐私保护、网络犯罪的预防和惩治等；（4）关于与网络及其系统有关的其他各种法律关系的调整。

网络法律的界定要立足于解决网络法律难题，我国网络法律是在传统法律制度的基础上建立起来的，网络法律是调整网络应用所产生的社会规范的总称，其调整对象是因网络应用而产生的各种社会关系。网络法律自然与网络有关，"与网络有关"的含义是指社会关系的产生、变化及社会关系的构成要素都与网络有关。网络法律关系由主体、客体和内容三因素构成。网络法律关系其中的构成要素应该至少一项与网络相关。

## 二、我国网络监管立法沿革

在互联网快速发展的过程中，颁布了大量的法律、法规、规章，我国在计算机、网络立法上在探索中不断走向成熟。针对我国互联网发展的阶段性特征，我国网络立法主要经历了三个阶段：

### （一）初创阶段——1994年至1998年

第一个阶段为1994年中国接入互联网至1998年组建信息产业部。20世纪90年代中期，我国互联网开始向全社会全面开放，政府支持形成的宽松环境使互联网迅猛发展。1994年2月18日国务院147号令发布《中华人民共和国计算机信息系统安全保护条例》，这是我国最早的互联网法律文件。法规对计算机信息系统的安全保护工作重点、主管部门、监督职权、安全保护制度、法律责任等都进行了逐一规定，立法重点侧重于信息安全保护方面。这一时期主要的网络法律除了《中华人民共和国计算机信息系统安全保护条例》之外，还有《中华人民共和国计算机信息网络国际联网管理暂行规定》（1996年2月1日国务院发布）、《计算机信息网络国际联网安全保护管理办法》（1997年12月16日公安部发布）和《中华人民共和国计算机信息网络国际联网管理暂行规定实施办法》（1998年2月13日国务院信息化领导小组发布）等数部行政法规、规章。该时期的其他主要网络法律还涉及到网站备案登记，计算机信息系统保密管理，网络传播等方面。

1994年4月，我国刚刚实现互联网的全功能对接，互联网处于起步阶段，相关的网络法律规定较少，立法内容较笼统。虽然法律文件的数量不多，也较为零散，但以《计算机信息网络国际联网安全保护管理办法》为例，其进一步对网络内容管理提出了更加具体可操作的要求。但这一时期的网络立法主要从计算机信息系统安全角度进行法律规制，虽然多以"通知""暂行办法""暂行规定"的形式出现，并不成熟，但初步构建了我国互联网管理的基本框架，确立了内容管理的原则。

（二）成熟阶段——1998年至2004年

1998年到2004年网络立法由初创阶段的摸索走向成熟。网民增长率在1999年底较之半年前的统计数上升123%，形成网民增长史上一个无与伦比的高峰。不仅网民数量大幅增长，2000年之后，互联网还逐渐步入商用领域和市场化运作。网络增长带来的网络问题日渐凸显，各部门开始意识到加强网络管理与网络立法迫在眉睫，纷纷出台了相关法律文件。以被称为"网络立法年"的2000年最为典型，政府出台了一系列法律法规和规章，诸如《中华人民共和国电信条例》（2000年9月25日国务院发布）、《互联网信息服务管理办法》（2000年9月25日国务院发布）、《互联网站从事登载新闻业务管理暂行规定》（2000年11月17日国务院新闻办与信息产业部出台）、《互联网电子公告服务管理规定》（2000年11月6日信息产业部发布）等，涉及网站备案登记、域名管理、网吧管理具体实务管理等方方面面。

2000年12月28日，我国网络管理体系中具有最高效力的法律文件——《全国人大常委会关于维护互联网安全的决定》，也应运而生。

该时期的网络法治建设，一方面是对初创阶段网络法律的完善，另一方面是对新认识的网络立法上的真空领域进行填补，包括对网络服务商的责任提出了具体的要求，对网络信息源进行了严格的控制，正式确立了"信息网络传播权"等，网络立法的部门也从过去的公安部、信息产业部等少数部门增加至文化部、教育部、国家工商总局、中国证券监督委员会等部门，显示出这一时期我国网络立法正逐步趋于成熟与稳定。

（三）推进阶段——2005年至今

这一时期是我国网络大发展的时期，我国适应网络发展和经济形势的需要，初步确立了互联网管理的机构分工原则，形成了以工业和信息化部为互联网行业主管部门，公安部、国务院新闻办公室、文化部、教育部、卫生部、广电总局等部门负责专项内容管理的互联网管理体制。各部门相继出台了《中华人民共和国电子签名法》《信息网络传播权保护条例》《互联网IP地址备案管理办法》《互联网著作权行政保护办法》《互联网新闻信息服务管理规定》《互联网电子邮件服务管理办法》《互联网视听节目服务管理规定》等一系列法律法规和规章，涵盖网络与信息安全、网络知识产权保护、互联网资源管理、互联网内容管理、互联网业务管理等方方面面。

2017年，网络安全法正式施行，作为我国第一部全面规范网络空间安全管理的基础性法律，它的施行，标志着我国网络安全从此有法可依，网络空间治理、网络信息传播秩序规范、网络犯罪惩治等即将翻开崭新的一页，对保障我国网络安全、维护国家总体安全具有深远而重大的意义。

### 三、网络监管立法原则

法律的制定必须遵循一定的原则，具体到网络监管方面的立法也是如此，我国在进行网络监管立法应当遵循以下七项原则：

**（一）合法性原则**

互联网立法须在现行宪法与法律的框架体系下进行，不得违反宪法与法律的规定。对现有违背宪法、法律规定的互联网立法，相关部门应及时进行清理、废除。

**（二）安全性原则**

网络的开放性、虚拟性和技术性使得网络中的信息和信息系统极易受到攻击，信息安全是社会公众选择利用网络的必要前提。互联网立法只有实现了基本的安全保障，才可能让互联网发挥其他价值，更好地服务于网民的生活与工作。

**（三）权利保障原则**

在民众权利意识正逐步觉醒的时代背景下，互联网立法应变更监管型立法模式，注重对互联网主体的权利保障，尤其涉及网民切身利益的领域，如虚拟财产保护、个人信息保护等，须尽快制定以权利保障为本位的互联网法律。

**（四）促进互联网产业发展原则**

近年来，电子商务等互联网产业为经济的发展作出了巨大贡献，在可预见的将来，互联网产业仍将是经济发展的重要支撑。因此，互联网立法应同时着力于促进互联网产业发展，使互联网产生的效益最大化。

**（五）全球性原则**

互联网活动跨越国界，决定互联网立法基本取向应该具备国际协商与相互认同。互联网立法应有全球视野，我国应积极参与全球性规则的制定，并在具体立法中借鉴相关成熟的立法经验。

**（六）开放性原则**

互联网发展日新月异，基于新技术的应用往往会在互联网领域引发新问题。技术的进步同时会引发互联网问题的变化，而法律调查也要与时俱进。因此，互联网立法应有开放性，必要时宜粗不宜细，能同时应对因技术进步而可能引发的新问题。

**（七）技术中立原则**

技术中立要求互联网研发的技术本身不包含价值导向，仅提供网民活动的空间架构，让法律主要规范互联网行为，而具有价值偏向的技术将使法律难有作为。对于无可避免地要涉及价值选择的技术，则要经过技术专家与法律专家的综合论证，让价值论证为正的技术继续开发应用，让价值论证为负的技术消解在萌芽状态。

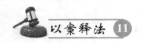

# 多家违法动漫网站被工信部关停

为了净化了网络文化环境，进一步加强网络动漫市场监管，严厉查处内容违规的网络动漫产品，督促网络动漫经营单位履行应尽的社会责任。文化部联合多部门统一部署，在全国13个省（区、市）的文化市场开展综合执法查处工作，重点整治含有诱导未成年人违法犯罪和渲染暴力、色情、恐怖活动，危害社会公德内容的网络动漫产品。

经查，北京某科技有限公司等29家网络动漫经营单位违反《互联网视听节目服务管理规定》或《互联网文化管理暂行规定》，提供内容违规的网络动漫产品。北京、上海、浙江、湖北、广东等地文化市场综合执法机构联合下达行政处罚决定，责令上述单位停止提供，并依法给予警告、罚款等行政处罚。

另外8家网站未经许可，擅自从事互联网文化经营活动或互联网视听节目服务，并提供含有违规内容的网络动漫产品，辽宁、上海、江苏、浙江、安徽、福建、广西等地文化市场综合执法机构依法予以取缔，并提请通信管理部门关闭网站。

 释解

《互联网视听节目服务管理规定》第六条规定，发展互联网视听节目服务要有益于传播社会主义先进文化，推动社会全面进步和人的全面发展、促进社会和谐。从事互联网视听节目服务，应当坚持为人民服务、为社会主义服务，坚持正确导向，把社会效益放在首位，建设社会主义核心价值体系，遵守社会主义道德规范，大力弘扬体现时代发展和社会进步的思想文化，大力弘扬民族优秀文化传统，提供更多更好的互联网视听节目服务，满足人民群众日益增长的需求，不断丰富人民群众的精神文化生活，充分发挥文化滋润心灵、陶冶情操、愉悦身心的作用，为青少年成长创造良好的网上空间，形成共建共享的精神家园。本案中查处的网络视频动漫作品宣扬的题材严重背离社会主义核心价值观，充斥大量恐怖、暴力等严重危害青少年健康的内容。

根据《互联网视听节目服务管理规定》第二十五条的规定，对违反规定的互联网视听节目服务单位，电信主管部门应根据广播电影电视主管部门的书面意见，按照电信管理和互联网管理的法律、行政法规的规定，关闭其网站，吊销其相应许可证或撤销备案，责令为其提供信号接入服务的网络运营单位停止接入；拒不执行停止接入服务决定，违反电信条例第五十七条规定的，由电信主管部门依据电信条例

第七十八条的规定吊销其许可证。所以本案中有关部门依法对涉案机构的处罚、关停行为符合法律规定。

# 第二节　网络安全法

为了保障网络安全，维护网络空间主权和国家安全、社会公共利益，保护公民、法人和其他组织的合法权益，促进经济社会信息化健康发展，2016年11月7日，十二届全国人大常委会二十四次会议通过网络安全法，自2017年6月1日起施行。在中华人民共和国境内建设、运营、维护和使用网络，以及网络安全的监督管理，适用网络安全法。

## 一、维护网络安全的基本原则

### （一）网络安全与信息化发展并重

国家坚持网络安全与信息化发展并重，遵循积极利用、科学发展、依法管理、确保安全的方针，推进网络基础设施建设和互联互通，鼓励网络技术创新和应用，支持培养网络安全人才，建立健全网络安全保障体系，提高网络安全保护能力。

### （二）防范网络安全风险

国家采取措施，监测、防御、处置来源于中华人民共和国境内外的网络安全风险和威胁，保护关键信息基础设施免受攻击、侵入、干扰和破坏，依法惩治网络违法犯罪活动，维护网络空间安全和秩序。

### （三）倡导诚实守信、健康文明的网络行为

国家倡导诚实守信、健康文明的网络行为，推动传播社会主义核心价值观，采取措施提高全社会的网络安全意识和水平，形成全社会共同参与促进网络安全的良好环境。

### （四）打击网络犯罪行为

任何个人和组织使用网络应当遵守宪法法律，遵守公共秩序，尊重社会公德，不得危害网络安全，不得利用网络从事危害国家安全、荣誉和利益，煽动颠覆国家政权、推翻社会主义制度，煽动分裂国家、破坏国家统一，宣扬恐怖主义、极端主义，宣扬民族仇恨、民族歧视，传播暴力、淫秽色情信息，编造、传播虚假信息扰乱经济秩序和社会秩序，以及侵害他人名誉、隐私、知识产权和其他合法权益等活动。

## 二、网络安全支持与促进

### （一）国家建立和完善网络安全标准体系

国家建立和完善网络安全标准体系。国务院标准化行政主管部门和国务院其他有关部门根据各自的职责，组织制定并适时修订有关网络安全管理以及网络产品、

服务和运行安全的国家标准、行业标准。

**（二）鼓励网络安全技术研发、应用、推广**

国务院和省、自治区、直辖市人民政府应当统筹规划，加大投入，扶持重点网络安全技术产业和项目，支持网络安全技术的研究开发和应用，推广安全可信的网络产品和服务，保护网络技术知识产权，支持企业、研究机构和高等学校等参与国家网络安全技术创新项目。

**（三）完善网络安全社会化服务体系建设**

国家推进网络安全社会化服务体系建设，鼓励有关企业、机构开展网络安全认证、检测和风险评估等安全服务。

大众传播媒介应当有针对性地面向社会进行网络安全宣传教育。

国家支持企业和高等学校、职业学校等教育培训机构开展网络安全相关教育与培训，采取多种方式培养网络安全人才，促进网络安全人才交流。

## 三、网络运行安全

**（一）国家实行网络安全等级保护制度**

国家实行网络安全等级保护制度。网络运营者应当按照网络安全等级保护制度的要求，履行下列安全保护义务，保障网络免受干扰、破坏或者未经授权的访问，防止网络数据泄露或者被窃取、篡改：（1）制定内部安全管理制度和操作规程，确定网络安全负责人，落实网络安全保护责任；（2）采取防范计算机病毒和网络攻击、网络侵入等危害网络安全行为的技术措施；（3）采取监测、记录网络运行状态、网络安全事件的技术措施，并按照规定留存相关的网络日志不少于六个月；（4）采取数据分类、重要数据备份和加密等措施；（5）法律、行政法规规定的其他义务。

**（二）网络产品、服务应当符合相关国家标准的强制性要求**

网络产品、服务应当符合相关国家标准的强制性要求。网络产品、服务的提供者不得设置恶意程序；发现其网络产品、服务存在安全缺陷、漏洞等风险时，应当立即采取补救措施，按照规定及时告知用户并向有关主管部门报告。

网络产品、服务的提供者应当为其产品、服务持续提供安全维护；在规定或者当事人约定的期限内，不得终止提供安全维护。

网络产品、服务具有收集用户信息功能的，其提供者应当向用户明示并取得同意；涉及用户个人信息的，还应当遵守本法和有关法律、行政法规关于个人信息保护的规定。

**（三）网络关键设备和网络安全专用产品国家标准的强制性要求**

网络关键设备和网络安全专用产品应当按照相关国家标准的强制性要求，由具备资格的机构安全认证合格或者安全检测符合要求后，方可销售或者提供。国家网信部门会同国务院有关部门制定、公布网络关键设备和网络安全专用产品目录，并推动安全认证和安全检测结果互认，避免重复认证、检测。

（四）用户提供真实信息

网络运营者为用户办理网络接入、域名注册服务，办理固定电话、移动电话等入网手续，或者为用户提供信息发布、即时通讯等服务，在与用户签订协议或者确认提供服务时，应当要求用户提供真实身份信息。用户不提供真实身份信息的，网络运营者不得为其提供相关服务。

国家实施网络可信身份战略，支持研究开发安全、方便的电子身份认证技术，推动不同电子身份认证之间的互认。

（五）制定网络安全事件应急预案

网络运营者应当制定网络安全事件应急预案，及时处置系统漏洞、计算机病毒、网络攻击、网络侵入等安全风险；在发生危害网络安全的事件时，立即启动应急预案，采取相应的补救措施，并按照规定向有关主管部门报告。

开展网络安全认证、检测、风险评估等活动，向社会发布系统漏洞、计算机病毒、网络攻击、网络侵入等网络安全信息，应当遵守国家有关规定。

（六）禁止实施危害网络安全活动

任何个人和组织不得从事非法侵入他人网络、干扰他人网络正常功能、窃取网络数据等危害网络安全的活动；不得提供专门用于从事侵入网络、干扰网络正常功能及防护措施、窃取网络数据等危害网络安全活动的程序、工具；明知他人从事危害网络安全的活动的，不得为其提供技术支持、广告推广、支付结算等帮助。

## 四、关键信息基础设施的运行安全

（一）关键信息基础设施重点保护

关键基础设施是指社会经济运转所严重依赖的产品、服务、系统和资产总和，一旦这些设施遭到破坏，会对国家安全、经济稳定和公众安全产生严重影响。考虑到这些基础设施一旦被攻击就可能导致交通中断、金融紊乱、电力瘫痪等问题，具有很大的破坏性和杀伤力。国家对可能严重危害国家安全、国计民生、公共利益的关键信息基础设施，在网络安全等级保护制度的基础上，实行重点保护。

关键信息基础设施主要涉及：（1）政府机关和能源、金融、交通、水利、卫生医疗、教育、社保、环境保护、公用事业等行业领域的单位；（2）电信网、广播电视网、互联网等信息网络，以及提供云计算、大数据和其他大型公共信息网络服务的单位；（3）国防科工、大型装备、化工、食品药品等行业领域科研生产单位；（4）广播电台、电视台、通讯社等新闻单位；（5）其他重点单位。

国家鼓励关键信息基础设施以外的网络运营者自愿参与关键信息基础设施保护体系。

## （二）关键信息基础设施分行业、分领域主管部门职责

网络安全法明确规定负责关键信息基础设施安全保护工作的部门，要按照国务院规定的职责分工，分别编制并组织实施本行业、本领域的关键信息基础设施安全规划，指导和监督关键信息基础设施运行安全保护工作。这既明确了相关主管部门要在职权范围内切实履行保护关键信息基础设施的职责，也规定分行业、分领域制定专门保护规划的基本工作方法。

网络安全法还明确规定，无论是哪个行业和领域的关键信息基础设施，都应当确保其具有支持业务稳定、持续运行的性能，并坚持安全技术措施"三同步"的原则，即应该保证安全技术措施实现"同步规划、同步建设、同步使用"。

## （三）关键信息基础设施运营者日常的安全维护义务

在日常安全维护方面，关键信息基础设施运营者既要遵循网络安全等级保护制度对一般信息系统的安全要求，也要履行更加严格的安全保护义务。前者包括制定内部安全管理制度和操作规程，采取预防性技术措施，监测网络运行状态并留存网络日志以及重要数据备份和加密等。后者包括对"人"的安全义务和对"系统"的安全义务两个方面：对"人"的安全义务包括设置专门的管理机构和负责人，对负责人和关键岗位人员进行安全背景审查，定期对从业人员进行教育培训和技能考核；对"系统"的安全义务包括对重要系统和数据库进行容灾备份，制定网络安全事件应急预案并定期组织演练等。

关键信息基础设施的运营者应当履行的安全保护义务，网络安全法具体规定为：（1）设置专门安全管理机构和安全管理负责人，并对该负责人和关键岗位的人员进行安全背景审查；（2）定期对从业人员进行网络安全教育、技术培训和技能考核；（3）对重要系统和数据库进行容灾备份；（4）制定网络安全事件应急预案，并定期进行演练；（5）法律、行政法规规定的其他义务。

此外，对于关键信息基础设施整体安全性和可能存在的风险，还规定了定期检测评估制度。关键信息基础设施的运营者应当自行或者委托网络安全服务机构对其网络的安全性和可能存在的风险每年至少进行一次检测评估，并将检测评估情况和改进措施报送相关负责关键信息基础设施安全保护工作的部门。

## （四）关键信息基础设施运营者特殊的安全保障义务

鉴于关键信息基础设施的重要性，对于其供应链安全和数据留存传输作出了特殊规定。规定关键信息基础设施的运营者采购网络产品和服务，可能影响国家安全的，这些网络产品和服务应当通过国家安全审查。这一审查由国家网信部门会同国务院有关部门组织实施。规定采购这些网络产品和服务时，关键信息基础设施运营者应当与提供者签订安全保密协议，明确安全和保密义务与责任。

对于关键信息基础设施运营中收集和产生的公民个人信息和重要业务数据，规

定运营者应当将其存储在我国境内。因业务需要，确需向境外提供的，应当按照国家网信部门会同国务院有关部门制定的办法进行安全评估，通过安全评估的数据才可以向境外提供。如果法律、行政法规另有规定的，应该依照这些特别规定。

（五）国家网信部门保护关键信息基础设施的职责范围

网络安全法明确规定国家网信部门负责统筹协调各有关部门确保关键信息基础设施的安全，具体可以采取下列措施：（1）对关键信息基础设施的安全风险进行抽查检测，提出改进措施，必要时可以委托网络安全服务机构对网络存在的安全风险进行检测评估；（2）定期组织关键信息基础设施的运营者进行网络安全应急演练，提高应对网络安全事件的水平和协同配合能力；（3）促进有关部门、关键信息基础设施运营者以及有关研究机构、网络安全服务机构等之间的网络安全信息共享；（4）对网络安全事件的应急处置与恢复等，提供技术支持与协助。

此外，还明确规定了国家机关所获取的相关信息用途特定原则。国家网信部门和有关部门在关键信息基础设施保护中获取的信息，只能用于维护网络安全的需要，不得用于其他用途。国家有关部门获取的信息，可能涉及企业的商业秘密和个人的隐私信息，这一规定明确禁止国家有关部门将获得的信息用于非国家安全之目的，有利于避免国家有关部门因泄露相关信息而侵害当事人合法权益，也有利于鼓励当事人打消顾虑而与有关部门在维护网络安全方面充分展开合作。

### 三、网络信息安全

网络运营者应当对其收集的用户信息严格保密，并建立健全用户信息保护制度。

（一）收集、使用个人信息，应当合法、正当、必要

网络运营者收集、使用个人信息，应当遵循合法、正当、必要的原则，公开收集、使用规则，明示收集、使用信息的目的、方式和范围，并经被收集者同意。

网络运营者不得收集与其提供的服务无关的个人信息，不得违反法律、行政法规的规定和双方的约定收集、使用个人信息，并应当依照法律、行政法规的规定和与用户的约定，处理其保存的个人信息。

（二）不得泄露、篡改、毁损其收集的个人信息

网络运营者不得泄露、篡改、毁损其收集的个人信息；未经被收集者同意，不得向他人提供个人信息。但是，经过处理无法识别特定个人且不能复原的除外。

（三）防止信息泄露、毁损、丢失

网络运营者应当采取技术措施和其他必要措施，确保其收集的个人信息安全，防止信息泄露、毁损、丢失。在发生或者可能发

个人信息泄露是网络诈骗泛滥的重要原因。

生个人信息泄露、毁损、丢失的情况时，应当立即采取补救措施，按照规定及时告知用户并向有关主管部门报告。

**（四）违法收集、使用个人信息应更正或删除**

个人发现网络运营者违反法律、行政法规的规定或者双方的约定收集、使用其个人信息的，有权要求网络运营者删除其个人信息；发现网络运营者收集、存储的其个人信息有错误的，有权要求网络运营者予以更正。网络运营者应当采取措施予以删除或者更正。

**（五）不得非法出售或者非法向他人提供个人信息**

任何个人和组织不得窃取或者以其他非法方式获取个人信息，不得非法出售或者非法向他人提供个人信息。

依法负有网络安全监督管理职责的部门及其工作人员，必须对在履行职责中知悉的个人信息、隐私和商业秘密严格保密，不得泄露、出售或者非法向他人提供。

**（六）禁止利用网络实施违法行为**

任何个人和组织应当对其使用网络的行为负责，不得设立用于实施诈骗，传授犯罪方法，制作或者销售违禁物品、管制物品等违法犯罪活动的网站、通讯群组，不得利用网络发布涉及实施诈骗，制作或者销售违禁物品、管制物品以及其他违法犯罪活动的信息。

**（七）加强对用户发布信息的管理**

网络运营者应当加强对其用户发布的信息的管理，发现法律、行政法规禁止发布或者传输的信息的，应当立即停止传输该信息，采取消除等处置措施，防止信息扩散，保存有关记录，并向有关主管部门报告。

**（八）发布或者传输的信息应合法**

任何个人和组织发送的电子信息、提供的应用软件，不得设置恶意程序，不得含有法律、行政法规禁止发布或者传输的信息。

电子信息发送服务提供者和应用软件下载服务提供者，应当履行安全管理义务，知道其用户有前款规定行为的，应当停止提供服务，采取消除等处置措施，保存有关记录，并向有关主管部门报告。

**（九）建立网络信息安全投诉、举报制度**

网络运营者应当建立网络信息安全投诉、举报制度，公布投诉、举报方式等信息，及时受理并处理有关网络信息安全的投诉和举报。

网络运营者对网信部门和有关部门依法实施的监督检查，应当予以配合。

国家网信部门和有关部门依法履行网络信息安全监督管理职责，发现法律、行政法规禁止发布或者传输的信息的，应当要求网络运营者停止传输，采取消除等处置措施，保存有关记录；对来源于中华人民共和国境外的上述信息，应当通知有关机构采取技术措施和其他必要措施阻断传播。

### 四、监测预警与应急处置

#### （一）国家建立网络安全监测预警和信息通报制度

国家网信部门应当统筹协调有关部门加强网络安全信息收集、分析和通报工作，按照规定统一发布网络安全监测预警信息。

负责关键信息基础设施安全保护工作的部门，应当建立健全本行业、本领域的网络安全监测预警和信息通报制度，并按照规定报送网络安全监测预警信息。

#### （二）建立健全网络安全风险评估和应急工作机制

国家网信部门协调有关部门建立健全网络安全风险评估和应急工作机制，制定网络安全事件应急预案，并定期组织演练。

负责关键信息基础设施安全保护工作的部门应当制定本行业、本领域的网络安全事件应急预案，并定期组织演练。

网络安全事件应急预案应当按照事件发生后的危害程度、影响范围等因素对网络安全事件进行分级，并规定相应的应急处置措施。

#### （三）网络安全事件应对措施

网络安全事件发生的风险增大时，省级以上人民政府有关部门应当按照规定的权限和程序，并根据网络安全风险的特点和可能造成的危害，采取下列措施：

（1）要求有关部门、机构和人员及时收集、报告有关信息，加强对网络安全风险的监测；（2）组织有关部门、机构和专业人员，对网络安全风险信息进行分析评估，预测事件发生的可能性、影响范围和危害程度；（3）向社会发布网络安全风险预警，发布避免、减轻危害的措施。

发生网络安全事件，应当立即启动网络安全事件应急预案，对网络安全事件进行调查和评估，要求网络运营者采取技术措施和其他必要措施，消除安全隐患，防止危害扩大，并及时向社会发布与公众有关的警示信息。

省级以上人民政府有关部门在履行网络安全监督管理职责中，发现网络存在较大安全风险或者发生安全事件的，可以按照规定的权限和程序对该网络的运营者的法定代表人或者主要负责人进行约谈。网络运营者应当按照要求采取措施，进行整改，消除隐患。

#### （四）网络通信管制

网络通信管制，它是指为社会公共安全和处置重大突发事件的需要，在一定区域和时期内，切断网络通信服务，暂停网络数据传输的强制措施。网络安全法明确规定，因维护国家安全和社会公共秩序，处置重大突发社会安全事件的需要，经国务院决定或者批准，可以在特定区域对网络通信采取限制等临时措施。

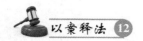

# 重视保护个人信息，谨防木马病毒

2016年1月17日中午，江都人李某的手机收到一条短信，内容是：李先生，您好！您孩子的体检报告已经出来了，打开网址并激活查看，请您重视（附有网址链接）。因为孩子刚在学校参加完体检，于是他便毫无顾忌地点开了链接，结果自己银行卡内的9000元存款不翼而飞。随即，李某向江都公安局报案。历时半年多，一个涉及全国众多省份的大案浮出水面。2017年7月，江都法院对这起新型网络犯罪案件进行了审理，涉案17人采用网络购买、植入计算机木马病毒等手段，窃取公民身份证号码、手机号码、银行卡号约2000万条，盗刷银行卡资金208.7万元，受害人达百余人，分布在全国各地。

被告人杨某当庭供述，他首先通过淘宝和QQ向他人购买木马病毒，收费1200至1500元不等，正常使用7天。然后，他通过相关渠道，再去购买他人的身份信息和手机号码。随后，他再通过短信群发设备，向这些号码发送带有木马病毒的链接的短信。一旦对方点击链接，下载APP，木马就算植入成功了。通过这种手段，杨某就可以拦截对方手机里的信息内容，这些内容均会发送到他设定好的邮箱内，行话叫做"拦截料"。他从邮箱获得的内容中，筛选出"料"，再将这些"料"通过QQ卖给"收料"的人，由他们去盗刷别人的银行卡。据介绍，黑色产业链的分工相当明确，从开始的购买木马、发送钓鱼短信，到"收料""出料"，再到后来"洗拦截料"、转账洗钱等各个环节，都环环相扣。

最终江都法院以盗窃罪、破坏计算机系统罪、侵犯公民个人信息罪和掩饰、隐瞒犯罪所得罪判处涉案17人有期徒刑一年至十三年不等的刑罚。

网络诈骗频发，提醒我们重视个人信息保护：（1）自己的真实信息不要轻易泄露；（2）各处密码尽可能各不相同；（3）不要点击不可信的网址链接；（4）不要扫描无法确认安全性的二维码；（5）公共场所内不可信的免费WiFi千万别上；（6）不要通过不可信的渠道下载手机应用。

一旦发现自己的手机中了木马病毒，首先冻结卡片，防止损失扩大；其次，立即报案，请求公安部门帮助；最后将手机恢复为出厂状态，并寻求专业人员对手机进行检测。

# 第三节　互联网信息服务管理

互联网络信息服务是指通过互联网向上网用户提供信息的服务活动，如信息传输与交换、信息检索查询、电子数据交换、数据处理、可视电话会议、电视会议、声像点播、远程医疗、远程教育、电子商务、电子公告，等等。为规范互联网信息服务活动，促进互联网信息服务健康有序的发展，有力遏制违法信息的制作与传播，维护网络秩序稳定。我国已颁布了一系列有关互联网信息服务的行政法规、部门规章，其中主要包括：2000年9月25日，国务院发布的《互联网信息服务管理办法》；2000年11月6日，原国家信息产业部发布的《互联网电子公告服务管理规定》（已失效）；2000年11月6日，国务院新闻办公室、信息产业部发布的《互联网站从事登载新闻业务管理暂行规定》；2000年7月5日，教育部发布的《教育网站和网校暂行管理办法》；2001年4月3日，原国家信息产业部、公安部、文化部、国家工商行政管理局发布的《互联网上网服务营业场所管理办法》（已失效）；2001年，国家广播电影电视总局发布的《信息网络传播广播电影电视类节目监督管理暂行办法》（已失效），等等。本节将从以下几个方面对互联网络信息服务法律制度进行阐述。

## 一、互联网信息服务管理制度

互联网信息服务管理其目的在于规范互联网信息服务活动，促进互联网信息服务健康有序地发展。我国对互联网信息服务管理的基本法律制度包括：

### （一）许可和备案制度

国家对经营性互联网信息服务实行许可制度，对非经营性互联网信息服务实行备案制度；未取得许可或未履行备案手续的，不得从事互联网信息服务。从事新闻、出版、教育、医疗保健、药品和医疗器械等互联网信息服务，依照法律、行政法规以及国家有关规定必须经过有关主管部门审核同意的，在申请许可或者履行备案手续之前，应当依法经有关主管部门审核同意。

### （二）从事经营性互联网信息服务的法定条件

1. 经营增值电信业务的法定条件

（1）经营者为依法设立的公司，有与开展经营活动相适应的资金和专业人员，有

为用户提供长期服务的信誉或者能力及国家规定的其他条件等。

（2）有业务发展计划及相关技术方案；有健全的网络与信息安全保障措施，包括网站安全保障措施、信息安全保密管理制度、用户信息安全管理制度等；依照法律、行政法规以及国家有关规定在申请许可之前必须经过有关主管部门审核同意的，已取得有关主管部门同意的文件。

2. 互联网信息服务提供者法定义务

（1）互联网信息服务提供者应当按照许可或者备案的项目提供服务，不得超出许可或者备案的项目提供服务。非经营性互联网信息服务提供者不得提供有偿服务。

（2）互联网信息服务提供者应当在其网站主页的显著位置标明其经营许可证编号或者备案编号。

（3）互联网信息服务提供者应当向上网用户提供良好的服务，并保证所提供的信息内容合法。

（4）从事新闻、出版以及电子公告等互联网信息服务提供者，应当记录提供的信息内容及其发布时间、互联网地址或者域名；互联网接入服务提供者应当记录上网用户的上网时间、用户账号、互联网地址或者域名、主叫电话号码等信息。互联网信息服务提供者和互联网接入服务提供者的记录备份应当保存60日，并在国家有关机关依法查询时予以提供。

（5）互联网信息服务提供者不得制作、复制、发布、传播含有下列内容的信息：①反对宪法所确定的基本原则的；②危害国家安全，泄露国家秘密，颠覆国家政权，破坏国家统一的；③损害国家荣誉和利益的；④煽动民族仇恨、民族歧视，破坏民族团结的；⑤破坏国家宗教政策，宣扬邪教和封建迷信的；⑥散布谣言，扰乱社会秩序，破坏社会稳定的；⑦散布淫秽、色情、赌博、暴力、凶杀、恐怖或者教唆犯罪的；⑧侮辱或者诽谤他人，侵害他人合法权益的；⑨含有法律、行政法规禁止的其他内容。

（6）互联网信息服务提供者发现其网站所传输的信息明显属于违法信息内容之一的，应当停止传输，保存有关记录，并向国家有关机关报告。

（7）经营性互联网信息服务提供者申请在境内外上市或者同外商合资、合作，应当事先经国务院信息产业主管部门审查同意。

3. 监管机关

国务院信息产业主管部门和省、自治区、直辖市电信管理机构，依法对互联网信息服务实施监督管理。新闻、出版、教育、卫生、药品监督管理、工商行政管理和公安、国家安全等有关主管部门，在各自职责范围内依法对互联网信息内容实施监督管理。

4.主要法律责任

（1）未取得经营许可证。未取得经营许可证，擅自从事经营性互联网信息服务，或者超出许可的项目提供服务的，由省、自治区、直辖市电信管理机构责令限期改正，有违法所得的，没收违法所得，处违法所得3倍以上5倍以下的罚款；没有违法所得或违法所得不足5万元的，处10万元以上100万元以下的罚款；情节严重的，责令关闭网站。未履行备案手续，擅自从事非经营性互联网信息服务，或者超出备案的项目提供服务的，由省、自治区、直辖市电信管理机构责令限期改正；拒不改正的，责令关闭网站。

（2）制作、复制、发布、传播有关违法信息。制作、复制、发布、传播有关违法信息，构成犯罪的，依法追究刑事责任；尚不构成犯罪的，由公安机关、国家安全机关依照《中华人民共和国治安管理处罚法》《计算机信息网络国际联网安全保护管理办法》等有关法律、行政法规的规定予以处罚；对经营性互联网信息服务提供者，并由发证机关责令停业整顿直至吊销经营许可证，通知企业登记机关；对非经营性互联网信息服务提供者，并由备案机关责令暂时关闭网站直至关闭网站。

（3）未按法定要求记录。从事新闻、出版以及电子公告等互联网信息服务提供者未记录提供的信息内容及其发布时间、互联网地址或者域名，互联网接入服务提供者未记录上网用户的上网时间、用户账号、互联网地址或者域名、主叫电话号码等信息或互联网信息服务提供者和互联网接入服务提供者的记录备份未保存60日或在有关国家机关依法查询时未予以提供的，由省、自治区、直辖市电信管理机构责令改正；情节严重的，责令停业整顿或者暂时关闭网站。

（4）未标明经营许可证编号或者备案编号。未在其网站主页上标明其经营许可证编号或者备案编号的，由省、自治区、直辖市电信管理机构责令改正，处5000元以上5万元以下的罚款。

（5）未履行停止传输等相关义务。互联网信息服务提供者发现其网站所传输的信息明显属于违法信息内容之一的未履行停止传输，保存有关记录，并向国家有关机关报告等义务的，由省、自治区、直辖市电信管理机构责令改正；情节严重的，对经营性互联网信息服务提供者，并由发证机关吊销经营许可证，对非经营性互联网信息服务提供者，并由备案机关责令关闭网站。

## 二、互联网电子公告服务管理

电子公告服务，是指在互联网上以电子布告牌、电子白板、电子论坛、网络聊天室、留言板等交互形式为上网用户提供信息发布条件的行为。电子公告作为一种重要的信息交互交流的方式，也引发了许多法律问题。特别是利用电子公告服务进行侮辱、诽谤他人，进行反动宣传等问题日益引起社会关注。为了加强对互联网电子公告服务的管理，规范电子公告信息发布行为，维护国家安全和社会稳定，保障公民、法人和其他组织的合法权益，需要对电子公告服务实施特殊的行政管理。本部分将从以下几个部分阐述我国目前对电子公告服务管理的基本法律制度。

（一）专项申请或备案制度

从事互联网信息服务，拟开展电子公告服务的，应当向所在的省、自治区、直辖市电信管理机构或者工业和信息化部申请经营性互联网信息服务许可或者办理非经营性互联网信息服务备案时，提出专项申请或者专项备案。

（二）开展电子公告服务的法定条件

开展电子公告服务应具备经营增值电信业务的法定条件，即经营者为依法设立的公司，有与开展经营活动相适应的资金和专业人员，有为用户提供长期服务的信誉或者能力及国家规定的其他条件等。

别在论坛随意发表诋毁他人的议论。

开展电子公告服务还要有业务发展计划及相关技术方案；有健全的网络与信息安全保障措施，包括网站安全保障措施、信息安全保密管理制度、用户信息安全管理制度等；依照法律、行政法规以及国家有关规定在申请许可之前必须经过有关主管部门审核同意的，已取得有关主管部门同意的文件。

（三）电子公告服务系统中的禁止性信息

任何人不得在电子公告服务系统中发布含有下列内容之一的信息：（1）反对宪法所确定的基本原则的；（2）危害国家安全，泄露国家秘密，颠覆国家政权，破坏国家统一的；（3）损害国家荣誉和利益的；（4）煽动民族仇恨、民族歧视，破坏民族团结的；（5）破坏国家宗教政策，宣扬邪教和封建迷信的；（6）散布谣言，扰乱社会秩序，破坏社会稳定的；（7）散布淫秽、色情、赌博、暴力、凶杀、恐怖或者教唆犯罪的；（8）侮辱或者诽谤他人，侵害他人合法权益的；（9）含有法律、行政法规禁止的其他内容的。

（四）电子公告服务提供者的法定义务

电子公告服务提供者的法定义务：

（1）电子公告服务提供者应当在电子公告服务系统的显著位置刊载经营许可证编号或者备案编号、电子公告服务规则，并提示上网用户发布信息需要承担的法律责任。

（2）电子公告服务提供者应当按照经批准或者备案的类别和栏目提供服务，不得超出类别或者另设栏目提供服务。

（3）电子公告服务提供者应当对上网用户的个人信息保密，未经上网用户同意不得向他人泄露，但法律另有规定的除外。

（4）电子公告服务提供者发现其电子公告服务系统中出现明显属于违法信息内容之一的，应当立即停止传输，保存有关记录，并向国家有关机关报告。

（5）电子公告服务提供者应当记录在电子公告服务系统中发布的信息内容及其发布时间、互联网地址或者域名。记录备份应当保存60日，并在国家有关机关依法查询时，予以提供。

（6）互联网接入服务提供者应当记录上网用户的上网时间、用户账号、互联网地址或者域名、主叫电话号码等信息，记录备份应当保存60日，并在国家有关机关依法查询时，予以提供。

**（五）违法开展电子公告服务的法律责任**

**1. 擅自开展业务**

擅自开展电子公告服务或者超出经批准或者备案的类别、栏目提供电子公告服务的，由省、自治区、直辖市电信管理机构责令限期改正，拒不改正的，责令关闭网站。

**2. 发布违法信息**

在电子公告服务系统中发布违法信息内容之一的，构成犯罪的，依法追究刑事责任；尚不构成犯罪的，由公安机关、国家安全机关依照《中华人民共和国治安管理处罚法》《计算机信息网络国际联网安全保护管理办法》等有关法律、行政法规的规定予以处罚；对经营性互联网信息服务提供者，并由发证机关责令停业整顿直至吊销经营许可证，通知企业登记机关；对非经营性互联网信息服务提供者，并由备案机关责令暂时关闭网站直至关闭网站。

**3. 未履行公示义务**

电子公告服务提供者未在其网站主页上标明其经营许可证编号或者备案编号的，由省、自治区、直辖市电信管理机构责令改正，处5000元以上5万元以下的罚款。

**4. 未履行立即停止传输报告义务**

电子公告服务提供者发现其电子公告服务系统中出现明显属于违法信息内容之一的未履行立即删除，保存有关记录，并向国家有关机关报告等义务的，由省、自治区、直辖市电信管理机构责令改正；情节严重的，对经营性互联网信息服务提供者，并由发证机关吊销经营许可证，对非经营性互联网信息服务提供者，并由备案机关责令关闭网站。

**5. 未按规定记录、备份**

电子公告服务提供者未记录在电子公告服务系统中发布的信息内容及其发布时间、互联网地址或者域名或记录备份未保存60日并在国家有关机关依法查询时予以提供的，或互联网接入服务提供者未记录上网用户的上网时间、用户账号、互联网地址或者域名、主叫电话号码等信息或记录备份未保存60日并在国家有关机关依法查询时予以提供的，由省、自治区、直辖市电信管理机构责令改正；情节严重的，责令停业整顿或者暂时关闭网站。

### （六）互联网站从事登载新闻业务管理

新闻信息是网络用户在网上所希望获取的最主要信息之一。据统计，我国63.5%的网络用户在网上最主要获得的信息是新闻类信息。通过互联网发布和转载新闻等登载新闻业务是为广大网上用户提供新闻报道的主要途径。为了促进我国互联网新闻传播事业的发展，规范互联网站登载新闻的业务，维护互联网新闻的真实性、准确性、合法性，需要对互联网站从事登载新闻业务实施一定的行政管理。本节将从以下部分阐述我国目前对互联网站从事登载新闻业务管理的基本法律制度。

建立新闻网站很重要。

1. 主管机构

国务院新闻办公室负责全国互联网站从事登载新闻业务的管理工作。省、自治区、直辖市人民政府新闻办公室依照法律规定负责本行政区域内互联网站从事登载新闻业务的管理工作。

2. 允许从事登载新闻业务的网络主体

（1）中央新闻单位、中央国家机关各部门新闻单位以及省、自治区、直辖市和省、自治区人民政府所在地的市直属新闻单位依法建立的互联网站（以下简称新闻网站），经批准可以从事登载新闻业务。其他新闻单位不单独建立新闻网站，经批准可以在中央新闻单位或者省、自治区、直辖市直属新闻单位建立的新闻网站建立新闻网页从事登载新闻业务。

（2）非新闻单位依法建立的综合性互联网站（以下简称综合性非新闻单位网站），具备有关法定条件的，经批准可以从事登载中央新闻单位、中央国家机关各部门新闻单位以及省、自治区、直辖市直属新闻单位发布的新闻的业务，但不得登载自行采写的新闻和其他来源的新闻。非新闻单位依法建立的其他互联网站，不得从事登载新闻业务。

3. 新闻网站从事登载新闻业务的法定条件

新闻单位建立新闻网站（页）从事登载新闻业务，应当依照下列规定报国务院新闻办公室或者省、自治区、直辖市人民政府新闻办公室审核批准：（1）中央新闻单位建立新闻网站从事登载新闻业务，报国务院新闻办公室审核批准；（2）中央国家机关各部门新闻单位建立新闻网站从事登载新闻业务，经主管部门审核同意，报国务院新闻办公室批准；（3）省、自治区、直辖市和省、自治区人民政府所在地的市直属新闻单位建立新闻网站从事登载新闻业务，经所在地省、自治区、直辖市人民政府新闻办公室审核同意，报国务院新闻办公室批准；（4）省、自治区、直辖市以下新闻单位在中央新闻单位或者省、自治区、直辖市直属新闻单位的新闻网站建立新闻网页从事登载新闻业务，报所在地省、自治区、直辖市人民政府新闻办公室审核批准，并报国务院新闻办公室备案。

4. 综合性非新闻单位网站从事登载新闻业务的法定条件

（1）综合性非新闻单位网站从事登载新闻业务，应当经主办单位所在地省、自治区、直辖市人民政府新闻办公室审核同意，报国务院新闻办公室批准。

（2）综合性非新闻单位网站从事登载新闻业务，应当具备下列条件：①有符合法律、法规规定的从事登载新闻业务的宗旨及规章制度；②有必要的新闻编辑机构、资金、设备及场所；③有具有相关新闻工作经验和中级以上新闻专业技术职务资格的专职新闻编辑负责人，并有相应数量的具有中级以上新闻专业技术职务资格的专职新闻编辑人员；④有符合有关法规规定的新闻信息来源。

5. 从事登载新闻业务的法定义务

（1）综合性非新闻单位网站从事登载中央新闻单位、中央国家机关各部门新闻单位以及省、自治区、直辖市直属新闻单位发布的新闻的业务，应当同上述有关新闻单位签订协议，并将协议副本报主办单位所在地省、自治区、直辖市人民政府新闻办公室备案。

（2）综合性非新闻单位网站登载中央新闻单位、中央国家机关各部门新闻单位以及省、自治区、直辖市直属新闻单位发布的新闻，应当注明新闻来源和日期。

（3）互联网站登载的新闻不得含有下列内容：①违反宪法所确定的基本原则；②危害国家安全，泄露国家秘密，煽动颠覆国家政权，破坏国家统一；③损害国家的荣誉和利益；④煽动民族仇恨、民族歧视，破坏民族团结；⑤破坏国家宗教政策，宣扬邪教，宣扬封建迷信；⑥散布谣言，编造和传播假新闻，扰乱社会秩序，破坏社会稳定；⑦散布淫秽、色情、赌博、暴力、恐怖或者教唆犯罪；⑧侮辱或者诽谤他人，侵害他人合法权益；⑨法律、法规禁止的其他内容。

（4）互联网站链接境外新闻网站，登载境外新闻媒体和互联网站发布的新闻，必须另行报国务院新闻办公室批准。

6. 法律责任

（1）有下列情形之一的，由国务院新闻办公室或者省、自治区、直辖市人民政府新闻办公室给予警告，责令限期改正；已取得从事登载新闻业务资格的，情节严重的，撤销其从事登载新闻业务的资格：①未取得从事登载新闻业务资格，擅自登载新闻的；②综合性非新闻单位网站登载自行采写的新闻或者登载不符合法定来源的新闻的，或者未注明新闻来源的；③综合性非新闻单位网站未与中央新闻单位、中央国家机关各部门新闻单位以及省、自治区、直辖市直属新闻单位签订协议擅自登载其发布的新闻，或者签订的协议未履行备案手续的；④未经批准，擅自链接境外新闻网站，登载境外新闻媒体和互联网站发布的新闻的。

（2）互联网站登载的新闻含有违法信息内容，构成犯罪的，依法追究刑事责任；尚不构成犯罪的，由公安机关或者国家安全机关依照有关法律、行政法规的规定给予行政处罚。

 以案释法 13

# 杨某与赵某电信服务合同无效纠纷案

2007年5月6日，赵某作为甲方，杨某作为乙方签订一份中国移动互联网移动网址授权注册机构二级代理商认证协议书，约定乙方向甲方提供移动网址及相关应用产品的产品介绍，使用文档和其他相关文档；乙方向甲方提供移动网址及相关应用产品的业务和技术培训，培训地点在乙方所在地或总部；乙方为甲方建立中国移动互联网当地的地方站点，供甲方使用。本协议签订之日起甲方应向乙方支付2万元业务预付款和1万元合作权益金等条款。合同落款处，甲方由赵某签字、按印，乙方由杨某签字、由中网互联移动网址注册Z市管理中心加盖印章。合同签订后，赵某依约向杨某支付人民币3万元，杨某于2007年6月1日以中网互联移动网址注册Z市管理中心的名义向赵某出具了收款收据，但该中网互联移动网址注册Z市管理中心未经工商登记注册。赵某得知此事后向法院起诉请求确认双方所签订的电信服务无效，要求杨某返还合同款3万元。最后当地法院判决支持了赵某的诉讼请求。

 释解

杨某以虚拟的单位与赵某签订合同并收取赵某人民币3万元，其行为后果应由杨某个人承担，故赵某以杨某为被告，符合法律规定。杨某辩称其不应作为本案被告的理由不成立，不予支持。双方之间的网络服务合同系经营性互联网服务，根据《互联网信息服务管理办法》第四条、第七条规定，国家对经营性互联网信息服务实行许可制度，对非经营性互联网信息服务实行备案制度。未取得许可或者未履行备案手续的，不得从事互联网信息服务；从事经营性互联网信息服务，应当向省、自治区、直辖市电信管理机构或者国务院信息产业部门申请办理互联网信息服务增值电信业务经营许可证，申请人取得经营许可证后，应持经营许可证向企业登记机关办理登记手续。故双方的合同违反了法律、法规的强制性规定，该合同属无效合同。合同无效后，因该合同取得的财产，应当予以返还，故赵某请求杨某返还人民币3万元的诉讼请求，应予支持。

# 第四节　互联网视听节目服务管理

随着互联网在我国的飞速发展，互联网日益成为视听节目传播的新媒介，本节主要介绍互联网视听节目服务管理的相关政策与法规，这里所称的互联网视听节目服务，是指制作、编辑、集成并通过互联网向公众提供视音频节目，以及为他人提供上载传播视听节目服务的活动。

为维护国家利益和公共利益，保护公众和互联网视听节目服务单位的合法权益，规范互联网视听节目服务秩序，促进健康有序发展，2007年12月20日，国家广播电影电视总局和信息产业部联合发布了《互联网视听节目服务管理规定》，该规定后经一次修订于2015年8月28日发布。

## 一、申请从事互联网视听节目服务应当同时具备的条件

从事互联网视听节目服务，应当依照《互联网视听节目服务管理规定》取得广播电影电视主管部门颁发的《信息网络传播视听节目许可证》或履行备案手续。申请从事互联网视听节目服务的，应当同时具备以下条件：

视听节目的审批很重要。

（1）具备法人资格，为国有独资或国有控股单位，且在申请之日前三年内无违法违规记录。

（2）有健全的节目安全传播管理制度和安全保护技术措施。

（3）有与其业务相适应并符合国家规定的视听节目资源。

（4）有与其业务相适应的技术能力、网络资源和资金，且资金来源合法。

（5）有与其业务相适应的专业人员，且主要出资者和经营者在申请之日前三年内无违法违规记录。

（6）技术方案符合国家标准、行业标准和技术规范。

（7）符合国务院广播电影电视主管部门确定的互联网视听节目服务总体规划、布局和业务指导目录。

（8）符合法律、行政法规和国家有关规定的条件。从事广播电台、电视台形态

服务和时政类视听新闻服务的，除符合上述条件外，还应当持有广播电视播出机构许可证或互联网新闻信息服务许可证。其中，以自办频道方式播放视听节目的，由地(市)级以上广播电台、电视台、中央新闻单位提出申请。

从事主持、访谈、报道类视听服务的，除符合上述规定外，还应当持有《广播电视节目制作经营许可证》和《互联网新闻信息服务许可证》；从事自办网络剧(片)类服务的，还应当持有《广播电视节目制作经营许可证》。

未经批准，任何组织和个人不得在互联网上使用广播电视专有名称开展业务。

## 二、审批程序

申请信息网络传播视听节目许可证应当通过省、自治区、直辖市人民政府广播电影电视主管部门向国务院广播电影电视主管部门提出申请，中央直属单位可以直接向国务院广播电影电视主管部门提出申请。

省、自治区、直辖市人民政府广播电影电视主管部门应当提供便捷的服务，自收到申请之日起20日内提出初审意见，报国务院广播电影电视主管部门审批；国务院广播电影电视主管部门应当自收到申请或者初审意见之日起40日内作出许可或者不予许可的决定，其中专家评审时间为20日。予以许可的，向申请人颁发许可证，并向社会公告；不予许可的，应当书面通知申请人并说明理由。许可证应当载明互联网视听节目服务的播出标识、名称、服务类别等事项。

许可证有效期为三年。有效期届满，需继续从事互联网视听节目服务的，应于有效期届满前30日内，持符合《互联网视听节目服务管理规定》第八条规定条件的相关材料，向原发证机关申请办理续办手续。

地(市)级以上广播电台、电视台从事互联网视听节目转播类服务的，到省级以上广播电影电视主管部门履行备案手续。中央新闻单位从事互联网视听节目转播类服务的，到国务院广播电影电视主管部门履行备案手续。备案单位应在节目开播30日前，提交网址、网站名、拟转播的广播电视频道、栏目名称等有关备案材料，广播电影电视主管部门应将备案情况向社会公告。

取得许可证的单位，应当依据《互联网信息服务管理办法》，向省(自治区、直辖市)电信管理机构或国务院信息产业主管部门申请办理电信业务经营许可或者履行相关备案手续，并依法到工商行政管理部门办理注册登记或变更登记手续。电信主管部门应根据广播电影电视主管部门许可，严格互联网视听节目服务单位的域名和IP地址管理。

## 三、变更程序

互联网视听节目服务单位变更股东、股权结构，有重大资产变动或有上市等重大融资行为的，以及业务项目超出许可证载明范围的，应按《互联网视听节目服务管理规定》办理审批手续。互联网视听节目服务单位的办公场所、法定代表人以及互联网信息服务单位的网址、网站名依法变更的，应当在变更后15日内向省级以上广播电影电视主管部门和电信主管部门备案，变更事项涉及工商登记的，应当依法到工商行政管理部门办理变更登记手续。

## 四、终止程序

互联网视听节目服务单位应当在取得许可证90日内提供互联网视听节目服务。未按期提供服务的，其许可证由原发证机关予以注销，如有特殊原因，应经发证机关同意。申请终止服务的，应提前60日向原发证机关申报，其许可证由原发证机关予以注销。连续停止业务超过60日的，由原发证机关按终止业务处理，其许可证由原发证机关予以注销。

## 五、互联网视听节目服务单位的义务

### （一）遵守许可证制度

互联网视听节目服务单位应当按照许可证载明或备案的事项开展互联网视听节目服务，并在播出界面显著位置标注国务院广播电影电视主管部门批准的播出标识、名称、许可证或备案编号。

### （二）保护版权

互联网视听节目服务单位应当遵守著作权法律、行政法规的规定，采取版权保护措施，保护著作权人的合法权益。

### （三）内容不违法、不危害公序良俗

互联网视听节目服务单位提供的、网络运营单位接入的视听节目应当符合法律、行政法规、部门规章的规定。已播出的视听节目应至少完整保留60日。视听节目不得含有以下内容：（1）反对宪法确定的基本原则的；（2）危害国家统一、主权和领土完整的；（3）泄露国家秘密、危害国家安全或者损害国家荣誉和利益的；（4）煽动民族仇恨、民族歧视，破坏民族团结，或者侵害民族风俗、习惯的；（5）宣扬邪教、迷信的；（6）扰乱社会秩序，破坏社会稳定的；（7）诱导未成年人违法犯罪和渲染暴力、色情、赌博、恐怖活动的；（8）侮辱或者诽谤他人，侵害公民个人隐私等他人合法权益的；（9）危害社会公德，损害民族优秀文化传统的；(10)有关法律、行政法规和国家规定禁止的其他内容。

互联网视听节目服务单位对含有违反规定内容的视听节目，应当立即删除，并保存有关记录，履行报告义务，落实有关主管部门的管理要求。互联网视听节目服务单位主要出资者和经营者应对播出和上载的视听节目内容负责。

### （四）视听新闻节目特殊规定

互联网视听节目服务单位播出时政类视听新闻节目，应当是地（市）级以上广播电台、电视台制作、播出的节目和中央新闻单位网站登载的时政类视听新闻节目。用于互联网视听节目服务的电影电视剧类节目和其他节目，应当符合国家有关广播

电影电视节目的管理规定。

互联网视听节目服务单位不得允许个人上载时政类视听新闻节目，在提供播客、视频分享等上载传播视听节目服务时，应当提示上载者不得上载违反《互联网视听节目服务管理规定》的视听节目。任何单位和个人不得转播、链接、聚合、集成非法的广播电视频道、视听节目网站的节目。

**（五）维护用户权利**

互联网视听节目服务单位应当选择依法取得互联网接入服务电信业务经营许可证或广播电视节目传送业务经营许可证的网络运营单位提供服务；应当依法维护用户权利，履行对用户的承诺，对用户信息保密，不得进行虚假宣传或误导用户，作出对用户不公平不合理的规定，损害用户的合法权益；提供有偿服务时，应当以显著方式公布所提供服务的视听节目种类、范围、资费标准和时限，并告知用户中止或者取消互联网视听节目服务的条件和方式。

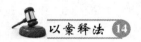 以案释法 14

## 擅自从事互联网视听节目服务行政处罚案

2014年11月，某地广电局在执法检查中发现某地一教育培训机构未经备案和审批擅自在其公司主页上开通在线教育频道，为其公司内的学员提供线上课程直播，并转播某电视台英文新闻节目。经过进一步的核查发现，该网站提供的视频节目不仅其内部学员可以获取使用，公众通过购买公司提供的学时卡也可进入该在线教育频道，该公司的这一行为已经构成未经行政审批从事互联网视听节目服务，当地广电局于2015年1月14日向该公司下达行政处罚通知书，针对该公司的违法行为责令其限期改正，并处以人民币1万元罚款。

 释解

我国《互联网视听节目服务管理规定》第二十四条规定，擅自从事互联网视听节目服务的，由县级以上广播电影电视主管部门予以警告、责令改正，可并处3万元以下罚款；情节严重的，根据《广播电视管理条例》第四十七条的规定予以处罚。据此可知，我国对互联网视听节目服务实行事前行政审批制度，从事相关业务必须取得相关行政许可，未经许可从事该项业务将会面临相应的行政处罚。

## 第五节　通信网络安全防护管理

　　2010 年1月21日，工业和信息化部的《通信网络安全防护管理办法》正式出台，这填补了我国在通信网络安全防护方面的立法空白，随着我国国民经济和社会信息化的快速发展，经济社会运行对通信网络的依赖度不断提高，通信网络已成为国家关键基础设施，通信网络安全的战略地位日益突出。然而，近年来我国通信网络面临的内外部安全威胁不断，这是《通信网络安全防护管理办法》出台的必要性所在，本节将介绍《通信网络安全防护管理办法》的几个方面的重点内容。

### 一、网络安全分级监管制度

　　根据《通信网络安全防护管理办法》的规定，通信行业首先要对通信网络单元进行等级划分，然后根据分级实行相应的安全保护。《通信网络安全防护管理办法》确立了通信网络单元的分级保护制度，规定通信网络运行单位应当对本单位已正式投入运行的通信网络进行单元划分，并按照各通信网络单元遭到破坏后可能对国家安全、经济运行、社会秩序、公众利益的危害程度，由低到高

分别划分为五级。举例说明，如果某通信网络单元遭到破坏后只影响到企业自身经营等问题的话，它的安全等级可能就是一级、二级；如果对于公众的利益造成了很大的影响，那么它的安全等级可能是三级；如果影响到社会秩序、国家利益了，那么它的安全等级可能就是四级甚至五级。为了保证分级的合理性，《通信网络安全防护管理办法规定》电信管理机构应当组织专家对通信网络单元的分级情况进行评审。此外，《通信网络安全防护管理办法》还规定通信网络运行单位应当将通信网络单元的划分和定级情况向电信管理机构备案，并明确了备案的内容和核查程序。

### 二、安全防护措施的符合性评测制度

　　根据《通信网络安全防护管理办法》的规定，通信网络运行单位应当落实与通信网络单元级别相适应的安全防护措施规定三级及三级以上通信网络单元应当每年进行一次符合性评测，二级通信网络单元应当每两年进行一次符合性评测。且通信网络单元的划分和级别调整的，应当自调整完成之日起九十日内重新进行符合性评测。

　　通信网络运行单位应当在评测结束后三十日内，将通信网络单元的符合性评测结果、整改情况或者整改计划报送通信网络单元的备案机构。

### 三、通信网络安全风险评估制度

通信网络运行单位应当组织对通信网络单元进行安全风险评估，及时消除重大网络安全隐患。《通信网络安全防护管理办法》规定三级及三级以上通信网络单元应当每年进行一次安全风险评估，二级通信网络单元应当每两年进行一次安全风险评估。

国家重大活动举办前，通信网络单元应当按照电信管理机构的要求进行安全风险评估。通信网络运行单位应当在安全风险评估结束后三十日内，将安全风险评估结果、隐患处理情况或者处理计划报送通信网络单元的备案机构。

### 四、通信网络安全防护检查制度

电信管理机构应对通信网络运行单位开展通信网络安全防护工作的情况进行检查，并明确规定电信管理机构进行检查时不得影响通信网络的正常运行，不得收取任何费用，不得要求接受检查的单位购买指定品牌或者指定单位的安全软件、设备或者其他产品，电信管理机构及其委托的专业机构的工作人员对于检查工作中获悉的国家秘密、商业秘密和个人隐私有保密的义务。

### 五、通信网络监管的重点

根据《通信网络安全防护管理办法》的规定，其主要适用范围是我国境内电信业务经营者和互联网域名服务提供者管理和运行的公用通信网和互联网。从行政相对人来说，主要针对电信业务经营者（含基础电信业务经营者和增值电信业务经营者）和互联网域名服务提供者，其中的互联网域名服务提供者不仅包括互联网域名注册管理和服务机构，而且包括目前社会上存在的专门为域名持有者提供权威解析服务的经营性或非经营性主体。

从管理活动所针对的行为来说，包括行政相对人为防止通信网络阻塞、中断、瘫痪或被非法控制等以及通信网络中传输、存储、处理的数据信息丢失、泄露或被非法篡改等所进行的相关活动。

此外，《通信网络安全防护管理办法》明确规定，对于违反相关规定的，将由电信管理机构依据职权责令改正；拒不改正的，将给予警告，并处5000至30000元的罚款。

# 第八章

# 无线电管理

无线电管理是指合理、有效地开发和利用无线电频谱资源，审批各类无线电台的设置，协调和处理各类无线电干扰，监督检查各类无线电台的使用情况，维护空中电波秩序，保证各种无线电业务的正常进行的管理工作和管理体系，是无线电管理机构运用行政、法律、经济和技术四种手段进行依法行政行为。无线电管理专门性法规主要包括无线电管理条例、无线电管制规定、无线电频率划分规定等，国务院部门规章，特别是国家无线电管理机构发布的规章制度，以及地方性法规等，已颁布的国务院各类规章及规范性文件有50余部，这些规章和规范性文件是无线电管理条例的重要补充。

## 第一节　概　述

无线电频谱资源属于国家所有，是具有重要战略意义的稀缺资源。2016年，工信部依据《中华人民共和国国民经济和社会发展第十三个五年规划纲要》编制了《国家无线电管理规划（2016—2020 年）》以"管资源、管台站、管秩序，服务经济社会发展、服务国防建设、服务党政机关，突出做好重点无线电安全保障工作"为总体要求，聚焦频谱资源管理核心职能，着力完善监管体系建设，阐明了我国"十三五"期间加强无线电频谱资源管理的战略方向、工作目标、主要任务和专栏工程，是无线电管理机构履行职能的重要依据，是引领未来五年我国无线电管理事业发展的纲领性文件。

### 一、"十二五"期间无线电管理各项工作取得显著成就

#### （一）频率管理能力不断增强

科学规划、合理配置无线电频谱资源，统筹协调各部门各行业用频需求，基本满足经济社会发展和国防建设需要。

#### （二）台站管理规范化不断推进

开展全国无线电台站核查工作，更加准确地掌握了全国无线电台站分布和使用情况，加强了台站数据管理工作。开展全国无线电台站规范化管理专项活动，清理整顿台站37万个，全国台站数据库完整性、准确性和台站管理的规范性进一步提高。

#### （三）无线电安全保障成效显著

对重大事件、重要地域、重要时段、重要业务、重要频段的无线电安全保障手段更加完备，保障能力进一步增强。

#### （四）无线电管理法制建设持续推进

无线电管理条例修订的立法审查工作全部完成，修订工作取得突破性进展。完成刑法第二百八十八条的修订工作，加大对相关违法行为的打击力度。不断完善部门规章，先后制定或修订了卫星移动通信系统终端地球站、业余无线电台、无线电频率划分等管理规定，开展无线电法立法的基本情况调研和前期预研等工作。进一步建立健全无线电管理地方性法规，无线电管理法制建设明显增强。

#### （五）无线电波秩序维护扎实有力

全国各级无线电管理机构常态化监测工作取得长足进展，信号分析和干扰查处的能力和水平明显提高。

#### （六）无线电管理依法行政成效明显

深入转变政府职能，推进依法行政，进一步加大无线电管理行政审批取消和下放力度。

### 二、"十三五"面临形势

#### （一）频谱资源战略地位日益凸显

频谱资源是构建全球信息技术、科技创新和经济发展竞争新优势的关键战略资源，并以其稀缺性日益成为新形势下国际博弈和竞争的战略热点。新一轮科技革命和产业变革将同人类社会发展形成历史性交汇，频谱资源对我国经济社会发展和国防现代化建设的支撑作用将愈加明显。频谱资源作为实现信息无所不在的重要载体，是构建我国经济社会发展的信息"大动脉"、支撑网络强国和制造强国建设发展的关键要素，其战略地位进一步凸显。

## （二）频谱资源和卫星轨位需求愈加旺盛

无线电技术和应用正以前所未有的速度向各行各业渗透，已成为促进经济发展、推动国防建设、服务社会民生的重要手段。同时，为加快构建泛在高效的信息网络，形成万物互联、人机交互、天地一体的网络空间，支撑新一代信息技术等战略性新兴产业发展，保障"宽带中国"、"互联网＋"行动计划等国家战略的实施，迫切需要更多频谱和卫星轨位资源。

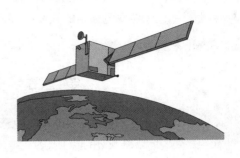

## （三）电磁频谱空间安全形势日趋严峻

随着无线电技术和应用不断发展，无线电网络日益增多，台站数量大规模增长，无线电用频设备数量呈指数级增长态势，电磁频谱空间日益复杂。随着国际战略形势和国家安全环境变化，传统安全威胁和非传统安全威胁相互交织，经济社会发展中利用无线电技术从事违法犯罪的活动日趋多样化，社会影响面广、公众危害性大。无线电安全作为维护国家安全和公共安全的重要因素之一，对夯实国家安全基础，提升广大人民群众安全感的作用日益明显。

## 三、无线电管理的主要目标

到2020年，频谱资源的配置更加科学，无线电管理的水平显著提升，服务经济社会发展和国防建设的能力明显增强。具体目标：

### （一）频谱管理精细高效

构建精细高效的频谱资源管理体系，提高频谱使用效率。各部门、各行业和国家重大战略用频及卫星轨位需求得到合理供给。

### （二）台站管理科学规范

无线电台站管理模式优化工作取得明显成效，相关配套管理制度逐步完善，事中事后管理能力明显增强。提升台站监管能力，台站信息完整率和准确率不低于98%。

### （三）技术设施自动智能

整合各类技术设施，提升监测网络智能水平，主动捕获新增信号的比率不低于90%，不明信号的调制识别率不低于60%。加强数据深度挖掘，支撑行政管理决策。

### （四）安全保障体系完备

无线电安全保障制度健全、流程规范、体系完备。无线电安全保障技术设施安全可靠、风险可控，重点频段、重要业务、重大活动的无线电安全保障能力明显增强。

（五）军民融合深度发展

军民深度融合，频谱资源共用，专业力量协作，基本形成融合机制完善、技术手段互补、标准规范通用的无线电管理军民融合体系。

# 第二节　无线电管理条例

无线电频率资源是国家稀缺战略资源，是推动信息化发展的重要载体。随着无线电技术的开发和应用，有限的无线电频率资源难以完全满足社会各方面不断增长的需求，需要加强对无线电频率资源的管理，减少不必要的闲置和浪费，促进无线电频率资源的有效开发和利用。为了加强无线电管理，维护空中电波秩序，有效开发、利用无线电频谱资源，保证各种无线电业务的正常进行，1993年国务院、中央军事委员会发布无线电管理条例，并于2016年11月11日进行了修订。

## 一、概述

### （一）适用范围

在中华人民共和国境内使用无线电频率，设置、使用无线电台（站），研制、生产、进口、销售和维修无线电发射设备，以及使用辐射无线电波的非无线电设备，应当遵守无线电管理条例。

### （二）基本原则

无线电频谱是一种宝贵的自然资源，归国家所有。国家对无线电频谱实行统一规划、合理开发、科学管理、有偿使用的原则。

1. 统一规划

统一规划是指由国家无线电管理主管部门代表国家对整个无线电频率从宏观上做出统一部署和长远规划。这种部署和规划主要是根据各种无线电业务的特点和需要，在国际电联总的要求下，划分频段，分配频率，使其在各种无线电业务开展中得到充分合理利用。

2. 合理开发

合理开发主要是指研究和开发尚未使用的无线电频段，增加频谱容量，同时，努力研究推广和使用新技术，使现有无线电频率得以充分应用。

3. 科学管理

频谱管理是无线电管理工作的核心，也是无线电管理机构的重要任务。只有科学管理，才能保障无线电频谱资源充分、合理、有效的利用，才能保障各类无线电业务的正常开展。

### 4.有偿使用

频谱资源是一种有限的自然资源，国家对自然资源实行有偿使用的原则，任何人要使用国家资源，都应该缴纳一定的费用。收费体现了国家对频谱资源的所有权，并表明了使用者在一定条件下取得国家允许使用频率的合法性。

### （三）监管机构

无线电管理工作在国务院、中央军事委员会的统一领导下分工管理、分级负责，贯彻科学管理、保护资源、保障安全、促进发展的方针。

国家无线电管理机构负责全国无线电管理工作，依据职责拟订无线电管理的方针、政策，统一管理无线电频率和无线电台（站），负责无线电监测、干扰查处和涉外无线电管理等工作，协调处理无线电管理相关事宜。

省、自治区、直辖市无线电管理机构在国家无线电管理机构和省、自治区、直辖市人民政府领导下，负责本行政区域除军事系统外的无线电管理工作，根据审批权限实施无线电频率使用许可，审查无线电台（站）的建设布局和台址，核发无线电台执照及无线电台识别码（含呼号，下同），负责本行政区域无线电监测和干扰查处，协调处理本行政区域无线电管理相关事宜。

省、自治区无线电管理机构根据工作需要可以在本行政区域内设立派出机构。派出机构在省、自治区无线电管理机构的授权范围内履行职责。

中国人民解放军电磁频谱管理机构负责军事系统的无线电管理工作，参与拟订国家有关无线电管理的方针、政策。

军地建立无线电管理协调机制，共同划分无线电频率，协商处理涉及军事系统与非军事系统间的无线电管理事宜。无线电管理重大问题报国务院、中央军事委员会决定。

## 二、频率管理

为了加强无线电频率使用许可管理，规范无线电频率使用行为，有效利用无线电频谱资源，2017年7月3日，工业和信息化部发布了《无线电频率使用许可管理办法》，于2017年9月1日起施行。

### （一）无线电频率使用许可证

1.无须申请许可证的情形

使用无线电频率应当取得许可，但下列频率除外：

（1）业余无线电台、公众对讲机、制式无线电台使用的频率；

（2）国际安全与遇险系统，用于航空、水上移动业务和无线电导航业务的国际固定频率；

这是无线电频率许可证。

（3）国家无线电管理机构规定的微功率短距离无线电发射设备使用的频率。

2. 申请条件

取得无线电频率使用许可，应当符合下列条件：（1）所申请的无线电频率符合无线电频率划分和使用规定，有明确具体的用途；（2）使用无线电频率的技术方案可行；（3）有相应的专业技术人员；（4）对依法使用的其他无线电频率不会产生有害干扰。

3. 申请时限

无线电管理机构应当自受理无线电频率使用许可申请之日起20个工作日内审查完毕，依照法定条件，并综合考虑国家安全需要和可用频率的情况，作出许可或者不予许可的决定。予以许可的，颁发无线电频率使用许可证；不予许可的，书面通知申请人并说明理由。

4. 载明内容

无线电频率使用许可证应当载明无线电频率的用途、使用范围、使用率要求、使用期限等事项。

5. 招标、拍卖方式

地面公众移动通信使用频率等商用无线电频率的使用许可，可以依照有关法律、行政法规的规定采取招标、拍卖的方式。无线电管理机构采取招标、拍卖的方式确定中标人、买受人后，应当作出许可的决定，并依法向中标人、买受人颁发无线电频率使用许可证。

6. 使用期限、延续、终止

无线电频率使用许可的期限不得超过10年。

无线电频率使用期限届满后需要继续使用的，应当在期限届满30个工作日前向作出许可决定的无线电管理机构提出延续申请。

无线电频率使用期限届满前拟终止使用无线电频率的，应当及时向作出许可决定的无线电管理机构办理注销手续。

（二）无线电频率占用费

使用无线电频率应当按照国家有关规定缴纳无线电频率占用费。

无线电频率占用费的项目、标准，由国务院财政部门、价格主管部门制定。

三、无线电台（站）

（一）申请条件

设置、使用无线电台（站）应当向无线电管理机构申请取得无线电台执照，应当符合下列条件：（1）有可用的无线电频率；（2）所使用的无线电发射设备依法取得无线电发射设备型号核准证且符合国家规定的产品质量要求；（3）有熟悉无线电管理规定、具备相关业务技能的人员；（4）有明确具体的用途，且技术方案可行;(5)有能够保证无线电台(站)正常使用的电磁环境,拟设置的无线电台(站)对依法使用的其他无线电台(站)不会产生有害干扰。

申请设置、使用空间无线电台,除应当符合前款规定的条件外,还应当有可利用的卫星无线电频率和卫星轨道资源。

（二）管理机构

设置、使用有固定台址的无线电台(站),由无线电台(站)所在地的省、自治区、直辖市无线电管理机构实施许可。设置、使用没有固定台址的无线电台,由申请人住所地的省、自治区、直辖市无线电管理机构实施许可。

设置、使用空间无线电台、卫星测控（导航）站、卫星关口站、卫星国际专线地球站、15瓦以上的短波无线电台(站)以及涉及国家主权、安全的其他重要无线电台(站),由国家无线电管理机构实施许可。

无线电管理机构应当自受理申请之日起30个工作日内审查完毕,依照法定条件,作出许可或者不予许可的决定。予以许可的,颁发无线电台执照,需要使用无线电台识别码的,同时核发无线电台识别码;不予许可的,书面通知申请人并说明理由。

无线电台(站)需要变更、增加无线电台识别码的,由无线电管理机构核发。

国家无线电管理机构负责全国无线电管理工作,统一管理无线电频率和无线电台(站)。

省、自治区、直辖市无线电管理机构在国家无线电管理机构和省、自治区、直辖市人民政府领导下,负责本行政区域除军事系统外的无线电管理工作,根据审批权限实施无线电频率使用许可,审查无线电台(站)的建设布局和台址,核发无线电台执照及无线电台识别码（含呼号）,负责本行政区域无线电监测和干扰查处,协调处理本行政区域无线电管理相关事宜。

国务院有关部门的无线电管理机构在国家无线电管理机构的业务指导下,负责本系统（行业）的无线电管理工作,贯彻执行国家无线电管理的方针、政策和法律、行政法规、规章,依照无线电管理条例规定和国务院规定的部门职权,规划本系统（行业）无线电台(站)的建设布局和台址,核发制式无线电台执照及无线电台识别码。

（三）紧急状态

遇有危及国家安全、公共安全、生命财产安全的紧急情况或者为了保障重大社会活动的特殊需要,可以不经批准临时设置、使用无线电台(站),但是应当及时向无线电台(站)所在地无线电管理机构报告,并在紧急情况消除或者重大社会活动结束后及时关闭。

（四）法定义务

1. 保护环境

使用无线电台（站）的单位或者个人应当遵守国家环境保护的规定，采取必要措施防止无线电波发射产生的电磁辐射污染环境。

2. 不得随意接收、传播

使用无线电台（站）的单位或者个人不得故意收发无线电台执照许可事项之外的无线电信号，不得传播、公布或者利用无意接收的信息。

3. 不得任意变动。

设置和使用无线电台的单位，必须遵照核定的项目进行工作，未经规定的管理机构许可，不得任意变动。

4. 船舶、飞机着陆时停用

船舶电台应自船舶进入港口时起，飞机电台应自飞机着陆时起，立即停止使用，直到船舶驶出港口或飞机起飞后，才能恢复使用。

## 四、无线电发射设备管理

研制无线电发射设备使用的无线电频率，应当符合国家无线电频率划分规定。

生产或者进口在国内销售、使用的无线电发射设备，应当符合产品质量等法律法规、国家标准和国家无线电管理的有关规定。

除微功率短距离无线电发射设备外，生产或者进口在国内销售、使用的其他无线电发射设备，应当向国家无线电管理机构申请型号核准。无线电发射设备型号核准目录由国家无线电管理机构公布。

生产或者进口应当取得型号核准的无线电发射设备，除应当符合无线电管理条例第四十三条的规定外，还应当符合无线电发射设备型号核准证核定的技术指标，并在设备上标注型号核准代码。

取得无线电发射设备型号核准，应当符合下列条件：（1）申请人有相应的生产能力、技术力量、质量保证体系；（2）无线电发射设备的工作频率、功率等技术指标符合国家标准和国家无线电管理的有关规定。

国家无线电管理机构应当依法对申请型号核准的无线电发射设备是否符合法定条件进行审查，自受理申请之日起30个工作日内作出核准或者不予核准的决定。予以核准的，颁发无线电发射设备型号核准证；不予核准的，书面通知申请人并说明理由。

国家无线电管理机构应当定期将无线电发射设备型号核准的情况向社会公布。

### 五、涉外无线电管理

无线电频率协调的涉外事宜，以及我国境内电台与境外电台的相互有害干扰，由国家无线电管理机构会同有关单位与有关的国际组织或者国家、地区协调处理。需要向国际电信联盟或者其他国家、地区提供无线电管理相关资料的，由国家无线电管理机构统一办理。在边境地区设置、使用无线电台（站），应当遵守我国与相关国家、地区签订的无线电频率协调协议。

外国领导人访华、各国驻华使领馆和享有外交特权与豁免的国际组织驻华代表机构需要设置、使用无线电台（站）的，应当通过外交途径经国家无线电管理机构批准。

除使用外交邮袋装运外，外国领导人访华、各国驻华使领馆和享有外交特权与豁免的国际组织驻华代表机构携带、寄递或者以其他方式运输依照无线电管理条例第四十四条的规定应当取得型号核准而未取得型号核准的无线电发射设备入境的，应当通过外交途径经国家无线电管理机构批准后办理通关手续。

其他境外组织或者个人在我国境内设置、使用无线电台（站）的，应当按照我国有关规定经相关业务主管部门报请无线电管理机构批准；携带、寄递或者以其他方式运输依照无线电管理条例第四十四条的规定应当取得型号核准而未取得型号核准的无线电发射设备入境的，应当按照我国有关规定经相关业务主管部门报无线电管理机构批准后，到海关办理无线电发射设备入境手续，但国家无线电管理机构规定不需要批准的除外。

外国船舶（含海上平台）、航空器、铁路机车、车辆等设置的无线电台在我国境内使用，应当遵守我国的法律、法规和我国缔结或者参加的国际条约。

境外组织或者个人不得在我国境内进行电波参数测试或者电波监测。任何单位或者个人不得向境外组织或者个人提供涉及国家安全的境内电波参数资料。

### 六、主要法律责任

#### （一）行政责任

1.擅自使用无线电频率，或者擅自设置、使用无线电台（站）

未经许可擅自使用无线电频率，或者擅自设置、使用无线电台（站）的，由无线电管理机构责令改正，没收从事违法活动的设备和违法所得，可以并处5万元以下的罚款；拒不改正的，并处5万元以上20万元以下的罚款；擅自设置、使用无线电台（站）从事诈骗等违法活动，尚不构成犯罪的，并处20万元以上50万元以下的罚款。

2.擅自转让无线电频率

擅自转让无线电频率的，由无线电管理机构责令改正，没收违法所得；拒不改正的，并处违法所得1倍以上3倍以下的罚款；没有违法所得或者违法所得不足10万元的，处1万元以上10万元以下的罚款；造成严重后果的，吊销无线电频率使用许可证。

3.违反许可证管理

违反规定，有下列行为之一的，由无线电管理机构责令改正，没收违法所得，可以并处3万元以下的罚款；造成严重后果的，吊销无线电台执照，并处3万元以上10万元以下的罚款：（1）不按照无线电台执照规定的许可事项和要求设置、使用无线电台（站）；（2）故意收发无线电台执照许可事项之外的无线电信号，传播、公布或者利用无意接收的信息；（3）擅自编制、使用无线电台识别码。

4.干扰无线电业务正常进行

违反规定，使用无线电发射设备、辐射无线电波的非无线电设备干扰无线电业务正常进行的，由无线电管理机构责令改正，拒不改正的，没收产生有害干扰的设备，并处5万元以上20万元以下的罚款，吊销无线电台执照；对船舶、航天器、航空器、铁路机车专用无线电导航、遇险救助和安全通信等涉及人身安全的无线电频率产生有害干扰的，并处20万元以上50万元以下的罚款。

（二）刑事责任

1.破坏广播电视设施、公用电信设施罪

破坏广播电视设施、公用电信设施，危害公共安全的，处三年以上七年以下有期徒刑；造成严重后果的，处七年以上有期徒刑。

2.过失损坏广播电视设施、公用电信设施罪

过失犯破坏广播电视设施、公用电信设施，危害公共安全的，处三年以上七年以下有期徒刑；情节较轻的，处三年以下有期徒刑或者拘役。

3.盗窃罪

以牟利为目的，盗接他人通信线路、复制他人电信码号或者明知是盗接、复制的电信设备、设施而使用的，依照盗窃罪的规定定罪处罚。

4.扰乱无线电通讯管理秩序罪

违反国家规定，擅自设置、使用无线电台（站），或者擅自使用无线电频率，干扰无线电通讯秩序，情节严重的，处三年以下有期徒刑、拘役或者管制，并处或者单处罚金；情节特别严重的，处三年以上七年以下有期徒刑，并处罚金。

单位犯前款罪的，对单位判处罚金，并对其直接负责的主管人员和其他直接责任人员，依照前款的规定处罚。

# 航空通讯遭到"黑电台"非法入侵

2016年5月某天，一架准备降落徐州机场的客机正在联系塔台，可是无线电频率里突然传来嘈杂的"专治肾亏"保健品广告。同日不同时段，驻徐州某部的战机在例行飞行训练中，地空指挥通讯也被一条"祖传秘方，包治百病"的广告干扰。

两家遭到无线电波入侵的单位高度重视，相继向徐州市无线电管理局申诉。同样遭到"黑电台"干扰的还有徐州北部的临沂机场。据统计，2016年3月至6月间，徐州、临沂两地机场共有38架次航班的地空无线电通讯遭到"黑电台"非法入侵，被迫启用备用频率，严重影响了航班的飞行安全。

接到申诉材料后，徐州市无线电管理局迅速派出精干力量，搭乘无线电移动侦测车寻找信号干扰源，对疑似地区进行重点筛查。当无线电侦测车驶到铜山、邳州交接处时，原本断断续续的"黑电台"信号突然清晰起来，车子继续向东行驶，信号越来越强。技术人员判断"黑电台"应该来源自邳州。

经过连续排查，信号干扰源最终被锁定在邳州郊区的一处居民小区，经验丰富的技术人员一眼就认出某高层单元楼楼顶的 T 型电台天线。在邳州公安机关的配合下，执法人员来到楼顶平台，沿着天线电缆顺藤摸瓜，在顶层某出租房内发现一部装着存储卡的调频无线电发射器，正在循环播放着某保健品广告。

经调查发现，架设"黑电台"播放保健品广告的是唐某和汤某。他们利用"黑电台"播放广告，这种宣传方式成本低、受众广，而且广播的听众一般是老年人和农村居民，这两类人群正好是保健品的主要客户。他们把提前录制好的节目拷贝到 SD 卡，然后插到播放器上，通过手机远程操作，无需人工实时监控。他们通过租赁偏僻小区顶层、私自假设无线电调频发射器等形式，运用手机远程遥控，非法占用76MHZ 至122MHZ 无线电频率，循环播放预先录制好的广播音频。仅仅3个月，就销售"奇鹿丸""爽目组合"等保健品价值达3万余元。

**释解**

法院经审理认为，两被告人违反国家法律规定，擅自设置、使用无线电台、无线电频率，干扰军、民机场地空无线电通讯秩序，造成部分机场启用备用频率、影响航班秩序等后果，其行为均构成扰乱无线电通讯管理秩序罪，且系共同犯罪。公诉机关指控的罪名成立，因两被告人归案后均能如实供述自己罪行，依法可从轻处罚。最终，法院依照刑法相关规定，判处被告人汤某有期徒刑一年六个月，并处罚金人民币一万元；判处被告人唐某有期徒刑九个月，并处罚金人民币五千元。

# 第三节　无线电管制

## 一、概念

无线电管制，是指在特定时间和特定区域内，依法采取限制或者禁止无线电台（站）、无线电发射设备和辐射无线电波的非无线电设备的使用，以及对特定的无线电频率实施技术阻断等措施，对无线电波的发射、辐射和传播实施的强制性管理。

## 二、适用情形

根据维护国家安全、保障国家重大任务、处置重大突发事件等需要，国家可以实施无线电管制。

## 三、权限

### （一）决定权

在全国范围内或者跨省、自治区、直辖市实施无线电管制，由国务院和中央军事委员会决定。

在省、自治区、直辖市范围内实施无线电管制，由省、自治区、直辖市人民政府和相关军区决定，并报国务院和中央军事委员会备案。

### （二）批准权

国家无线电管理机构和军队电磁频谱管理机构，应当根据无线电管制需要，会同国务院有关部门，制定全国范围的无线电管制预案，报国务院和中央军事委员会批准。

省、自治区、直辖市无线电管理机构和军区电磁频谱管理机构，应当根据全国范围的无线电管制预案，会同省、自治区、直辖市人民政府有关部门，制定本区域的无线电管制预案，报省、自治区、直辖市人民政府和军区批准。

### （三）协调权

国务院和中央军事委员会决定在全国范围内或者跨省、自治区、直辖市实施无线电管制的，由国家无线电管理机构和军队电磁频谱管理机构会同国务院公安等有关部门组成无线电管制协调机构，负责无线电管制的组织、协调工作。

在省、自治区、直辖市范围内实施无线电管制的，由省、自治区、直辖市无线电管理机构和军区电磁频谱管理机构会同公安等有关部门组成无线电管制协调机构，负责无线电管制的组织、协调工作。

（四）发布权

无线电管制协调机构应当根据无线电管制命令发布无线电管制指令。

## 四、管制原则

实施无线电管制，应当遵循科学筹划、合理实施的原则，最大限度地减轻无线电管制对国民经济和人民群众生产生活造成的影响。

## 五、管制措施

国家无线电管理机构和军队电磁频谱管理机构，省、自治区、直辖市无线电管理机构和军区电磁频谱管理机构，依照无线电管制指令，根据各自的管理职责，可以采取下列无线电管制措施：（1）对无线电台（站）、无线电发射设备和辐射无线电波的非无线电设备进行清查、检测；（2）对电磁环境进行监测，对无线电台（站）、无线电发射设备和辐射无线电波的非无

无线电的管制问题很重要。

线电设备的使用情况进行监督；（3）采取电磁干扰等技术阻断措施；（4）限制或者禁止无线电台（站）、无线电发射设备和辐射无线电波的非无线电设备的使用。

## 六、实施程序

决定实施无线电管制的机关应当在开始实施无线电管制10日前发布无线电管制命令，明确无线电管制的区域、对象、起止时间、频率范围以及其他有关要求。但是，紧急情况下需要立即实施无线电管制的除外。

## 七、权利义务

（一）服从管制

实施无线电管制期间，无线电管制区域内拥有、使用或者管理无线电台（站）、无线电发射设备和辐射无线电波的非无线电设备的单位或者个人，应当服从无线电管制命令和无线电管制指令。

（二）协助实施

实施无线电管制期间，有关地方人民政府，交通运输、铁路、广播电视、气象、渔业、通信、电力等部门和单位，军队、武装警察部队的有关单位，应当协助国家无线电管理机构和军队电磁频谱管理机构或者省、自治区、直辖市无线电管理机构和军区电磁频谱管理机构实施无线电管制。

（三）违者处罚

违反无线电管制命令和无线电管制指令的，由国家无线电管理机构或者省、自治区、直辖市无线电管理机构责令改正；拒不改正的，可以关闭、查封、暂扣或者

拆除相关设备；情节严重的，吊销无线电台（站）执照和无线电频率使用许可证；违反治安管理规定的，由公安机关依法给予处罚。

军队、武装警察部队的有关单位违反无线电管制命令和无线电管制指令的，由军队电磁频谱管理机构或者军区电磁频谱管理机构责令改正；情节严重的，依照中央军事委员会的有关规定，对直接负责的主管人员和其他直接责任人员给予处分。

# 附录

## 工业和信息化部办公厅关于印发
## 《工业和信息化系统法治宣传教育第七个五年规划
## （2016—2020年）》的通知

为贯彻落实中共中央、国务院批转的《中央宣传部、司法部关于在公民中开展法治宣传教育的第七个五年规划（2016—2020年）》精神，做好工业和信息化系统法治宣传教育工作，提升全系统法治工作水平，结合国民经济"十三五"期间我国工业和信息化发展改革的总体目标和主要任务，制定工业和信息化系统第七个五年法治宣传教育规划（以下简称"七五"普法规划）。

### 一、指导思想、主要目标和工作原则

（一）指导思想

深入贯彻党的十八大、十八届三中、四中、五中、六中全会和习近平总书记系列重要讲话精神，围绕《中国制造2025》、《国务院关于积极推进"互联网＋"行动的指导意见》、《国务院关于深化制造业与互联网融合发展的指导意见》等文件确定的目标和任务，坚持法治宣传教育与社会主义法治理念相结合，与"创新、协调、绿色、开放、共享"五大发展理念相结合，与工业和信息化系统法治建设的实践相结合，深入开展工业和信息化系统法治宣传教育，为"制造强国"、"网络强国"两大战略实施营造良好的法治环境。

（二）主要目标

通过深入扎实的法治宣传教育和法治工作实践，进一步提升工业和信息化系统干部职工的法治意识和法治素质，提高各级工业和信息化行政主管部门领导干部善作为、会作为的能力和水平，在全系统牢固树立社会主义法治理念，提高干部职工依法行政、依法管理的主动性和自觉性，确保国家法律法规的正确有效实施，发挥法律法规在工业和信息化改革发展中的规范、引导和保障作用，推进工业、通信业健康持续发展。

（三）工作原则

1. 坚持围绕中心，服务大局。紧紧围绕工业和信息化"十三五"规划目标和行业管理中心工作，做好法治宣传教育，更好服务于"制造强国""网络强国"建设，为全面实施《中国制造2025》等规划营造良好法治环境。

2. 坚持以人为本，服务行业。针对工业和信息化领域的社会热点、难点问题，开展法治宣传教育，回应行业发展的现实法律需求。宣传教育形式要为群众喜闻乐见，在服务群众中向群众普及法律知识。

3. 坚持分类指导，突出重点。根据不同行业、地区及对象的实际特点，分类实施法治宣传教育。认真总结"六五"普法经验，结合新形势、新要求，抓好重点领域、重点行业和重点对象，带动和促进全系统的普法工作。

4. 坚持创新发展，注重实效。根据工业、通信业发展和行业管理需要，推动法治宣传教育工作理念、机制、载体和方式方法创新。坚持一手抓行业管理，一手抓法治工作，不断提高法治宣传教育的实效性，力戒形式主义。

## 二、主要任务

### （一）深入学习习近平总书记关于依法治国的重要论述

党的十八大以来，以习近平同志为核心的党中央提出全面推进依法治国战略。习近平总书记提出了一系列新思想、新观点、新论断、新要求，深刻回答了建设社会主义法治国家的重大理论和实践问题，为全面依法治国提供了科学理论指导和行动指南。工业和信息化系统的全体同志要深入学习宣传习近平总书记关于全面依法治国的重要论述，增强走中国特色社会主义道路的自觉性和坚定性，增强全社会厉行法治的积极性和主动性，更好地发挥法治在工业和信息化领域的引领和规范作用。

### （二）学习宣传以宪法为核心的中国特色社会主义法律体系

积极开展宪法教育，弘扬宪法精神，树立宪法权威。深入宣传依宪治国、依宪执政等理念，宣传党的领导是宪法实施的最根本保证，宣传宪法确立的国家根本制度、根本任务和我国的国体、政体，宣传公民的基本权利和义务等宪法基本内容。深入学习宣传中国特色社会主义法律体系的基本法律，大力宣传宪法相关法、民法商法、行政法、经济法、社会法、刑法、诉讼与非诉讼程序法等多个法律部门的法律法规。重点学习宣传促进自主创新、保护资源能源环境、提升质量品牌、加强标准管理等方面的法律法规。

### （三）深入学习宣传行政法律法规

深入学习宣传中共中央、国务院《法治政府建设实施纲要（2015—2020年）》和工业和信息化部《关于加强法治政府建设的实施意见》、《贯彻落实〈法治政府建设实施纲要（2015—2020年）〉实施方案》，持续学习宣传《行政许可法》、《行政处罚法》、《行政复议法》、《行政诉讼法》、《政府信息公开条例》等规范政府行为的法律法规。积极协调推进"放、管、服"改革，及时宣传国家法律法规的"废、改、立"，促进行业管理进一步制度化、规范化、科学化。通过加强执法培训和宣传教育，系统规范行政执法队伍执法行为，进一步提高依法行政能力。

（四）重点学习宣传工业和信息化领域的法律法规

围绕工业和信息化"十三五"规划内容，深入开展五大发展理念相关的法律法规宣传。认真学习宣传《中小企业促进法》、《循环经济促进法》和《电信条例》、《无线电管理条例》、《工业节能管理办法》、《电器电子产品有害物质限制使用管理办法》等法律、法规、规章。深入学习宣传《关于防范和打击电信网络诈骗犯罪的通告》、《关于进一步防范和打击通讯信息诈骗工作的实施意见》等电信网络治理规定，加强电信网络法治宣传。学习宣传推动产业结构优化升级、节能减排和淘汰落后产能、促进中小企业健康发展等领域的法律和政策。

（五）推进工业和信息化领域的法治文化建设

积极推进工业和信息化系统法治文化建设，充分发挥法治文化的引领、熏陶作用，在全系统营造尊重法律、信仰法治的良好风尚。加强全系统的反腐倡廉法治教育，围绕加强对权力的制约和监督，用法治思维和法治方式反腐倡廉，实现反腐倡廉工作制度化、长效化和常态化。利用国家宪法日、消费者权益保护日等法律纪念日，开展多种形式的法治宣传实践活动，丰富宣传教育手段和载体，寓法治文化建设于行业管理工作之中，不断提高全系统的法治文化水平。

三、对象和要求

工业和信息化系统"七五"法治宣传教育的对象是工业和信息化系统全体干部职工，重点是处级以上领导干部和部属高校师生，尤其是党政主要负责人。

（一）坚持领导干部学法守法用法

领导干部带头学法、模范守法是建设法治政府和依法治国的关键，建立领导干部学法制度，坚持领导干部宪法宣誓制度，把宪法法律和党内法规列入党委、党支部学习及各单位业务学习的重要内容。加强对领导干部初任和任职必备法律知识的培训，将学法守法用法情况作为领导班子和干部年度评估考核的重要内容，在学法守法用法方面存在突出问题的，年度考核不得评为优秀。各级机关要普遍设立公职律师，健全完善重大决策合法性审查机制及法律顾问制度。

（二）开展部属高校师生法治宣传教育

青年大学生是建设法治社会的重要力量，部属高校要针对大学生的思维特点，进一步探索大学生法治宣传教育的方法和途径，充分发挥大学课堂教学的主渠道作用。要注重对高校教师和辅导员法治意识的引导，提升高校教师宣传社会主义法治理念的自觉性，从而更好地培养大学生的权利义务观念，增强社会责任感，使其成为具有社会主义法治信念的合格人才。

（三）加强部属单位管理人员法治宣传

部属单位是工信系统的重要组成部分，对各类部属单位进行法治宣传教育，不仅有利于法治政府的建设，也有利于社会主义市场经济的建设。部属单位的管理人员要深入学习宣传依法管理的基本理论，深入学习与经济社会发展相关的法律法规，特别是与本单位经营管理、技术研发等各类工作和服务活动相关的法律法规，切实提高管理人员依法管理、依法办事、依法开展各类技术咨询服务活动的能力。

### 四、工作步骤和安排

工业和信息化系统"七五"法治宣传教育规划分三个阶段进行：

#### （一）动员准备阶段

2017年6月底以前，各省、自治区、直辖市通信管理局、部属单位和部属高校要根据本规划，结合本单位实际情况，制定第七个五年法治宣传教育规划或计划。各省、自治区、直辖市工业和信息化主管部门根据全国和本地区的"七五"普法规划，结合本规划，制定第七个五年法治宣传教育规划或计划。

#### （二）组织实施阶段

2017年至2020年，按照规划确定的目标、任务和要求，围绕年度重点工作，各级机关和部属单位要制定年度法治宣传教育方案，确保本规划的全面贯彻落实。部依法行政领导小组将适时抽查各单位"七五"普法规划实施情况，并在2018年开展"七五"普法中期检查和指导。

#### （三）检查验收阶段

2020年底，根据全国普法办的统一部署，部依法行政领导小组按照本规划确定的任务、目标和要求组织总结验收，表彰先进集体和先进个人。

### 五、组织领导和保障

#### （一）强化法治宣传教育组织领导

部依法行政领导小组负责工业和信息化系统"七五"普法工作的组织领导，部依法行政领导小组办公室具体协调、指导和检查工业和信息化系统"七五"普法规划的实施。按照"谁执法谁普法"的原则，部机关有关司局要指导对口管理事业单位、高校和社会团体的法治宣传教育工作，同时要结合行政执法工作，积极面向社会和行政相对人开展相关法律法规的宣传。各省、自治区、直辖市通信管理局、工业和信息化主管部门在组织本部门、本单位普法宣传教育工作的同时，加强对电信运营企业和相关企事业单位法治宣传教育工作的协调、指导。

#### （二）建立健全法治宣传教育工作机制

各单位要建立健全法治宣传教育工作机制，明确法治宣传教育的工作机构，配备政治素质、法律素质和业务能力较高的专、兼职工作人员，全面负责本规划的组织实施和检查监督工作。部依法行政领导小组办公室将组织公务员、行政执法人员培训，适时举办法律知识答卷或竞赛，提高机关公务员和行政执法人员依法行政的意识和能力，适时组织培训各单位的法治宣传骨干力量，提高法治宣传教育工作者的工作能力和水平。各省、自治区、直辖市通信管理局、工业和信息化主管部门要充分发挥法治工作机构和人员在法治宣传教育工作中的主导作用。

（三）落实法治宣传教育工作经费

各单位要把法治宣传教育相关工作经费纳入本单位财政预算统筹安排，切实予以保障，并建立动态调整机制。把法治宣传教育列入政府购买服务指导性目录。积极利用社会资金开展法治宣传教育。

（四）完善法治宣传教育考核评价体系

建立健全考核评估指标体系，完善考核评估运行机制，积极开展对本规划实施情况的阶段性评估考核和专项督查工作。考核评估优秀的单位，将给予通报表扬。各单位应在每年12月30日前，向部依法行政领导小组办公室书面报告本年度法治宣传教育工作情况和下一年度普法工作安排。各单位要做好法治宣传教育活动记录，并保存有关材料。

（五）努力创新和丰富法治宣传教育形式

要充分发挥工业和信息化系统特色，运用政务微博、微信等新媒体形式开展法治宣传教育。部机关、各省、自治区、直辖市通信管理局、工业和信息化主管部门应在门户网站设立法治宣传类栏目，提供工业和信息化及相关法规规章的查询，同时尝试采取案例等形式开展普法宣传。部属单位和部属高校要充分发挥门户网站的作用，积极开展法治宣传活动。

# 中共中央办公厅、国务院办公厅印发
## 《关于实行国家机关"谁执法谁普法"普法责任制的意见》

　　国家机关是国家法律的制定和执行主体，同时肩负着普法的重要职责。党的十八届四中全会明确提出实行国家机关"谁执法谁普法"的普法责任制。为健全普法宣传教育机制，落实国家机关普法责任，进一步做好国家机关普法工作，现就实行国家机关"谁执法谁普法"普法责任制提出如下意见。

　　**一、总体要求**

　　**（一）指导思想**

　　认真贯彻落实党的十八大和十八届三中、四中、五中、六中全会精神，坚持以邓小平理论、"三个代表"重要思想、科学发展观为指导，深入贯彻落实习近平总书记系列重要讲话精神和治国理政新理念新思想新战略，紧紧围绕统筹推进"五位一体"总体布局和协调推进"四个全面"战略布局，全面贯彻落实党中央关于法治宣传教育的决策部署，按照"谁执法谁普法"的要求，进一步明确国家机关普法职责任务，健全工作制度，加强督促检查，不断推进国家机关普法工作深入开展，努力形成党委统一领导、部门分工负责、各司其职、齐抓共管的工作格局，为全面依法治国作出积极贡献。

　　**（二）基本原则**

　　——坚持普法工作与法治实践相结合。把法治宣传教育融入法治实践全过程，在法治实践中加强法治宣传教育，不断提高国家机关法治宣传教育的实际效果。

　　——坚持系统内普法与社会普法并重。国家机关在履行好系统内普法责任的同时，积极承担面向社会的普法责任，努力提高国家工作人员法律素质，增强社会公众的法治意识。

　　——坚持条块结合、密切协作。国家机关普法实行部门管理与属地管理相结合，加强部门与地方的衔接配合，完善分工负责、共同参与的普法工作机制，形成普法工作合力。

　　——坚持从实际出发、注重实效。立足国家机关实际，结合部门工作特点，创新普法理念、工作机制和方式方法，积极推动各项普法责任的落实，切实增强普法的针对性和实效性。

## 二、职责任务

（一）**建立普法责任制**。国家机关要把普法作为推进法治建设的基础性工作来抓，纳入本部门工作总体布局，做到与其他业务工作同部署、同检查、同落实。按照普法责任制的要求，制定本部门普法规划、年度普法计划和普法责任清单，明确普法任务和工作要求。建立健全普法领导和工作机构，明确具体责任部门和责任人员。

（二）**明确普法内容**。深入学习宣传习近平总书记关于全面依法治国的重要论述，宣传以习近平同志为核心的党中央关于全面依法治国的重要部署。突出学习宣传宪法，弘扬宪法精神，树立宪法权威。深入学习宣传中国特色社会主义法律体系，深入学习宣传与本部门职责相关的法律法规，增强国家工作人员依法履职能力，特别是领导干部运用法治思维和法治方式开展工作的能力，提高社会公众对相关法律法规的知晓度。深入学习宣传党内法规，增强广大党员党章党规党纪意识。坚持普治并举，积极推进国家机关法治实践活动，不断提高社会治理法治化水平。

（三）**切实做好本系统普法**。健全完善国家机关党组（党委）理论学习中心组学法制度，坚持领导干部带头尊法学法守法用法。健全完善日常学法制度，推进国家工作人员学法经常化。加强对国家工作人员的法治培训，把宪法法律和党内法规作为重要内容，建立新颁布的国家法律和党内法规学习培训制度，不断提高培训质量。加强对国家工作人员学法用法的考试考核，完善评估机制。大力开展"法律进机关"、机关法治文化建设等活动，营造良好的机关学法氛围。

（四）**充分利用法律法规规章和司法解释起草制定过程向社会开展普法**。在法律法规规章和司法解释起草制定过程中，对社会关注度高、涉及公众切身利益的重大事项，要广泛听取公众意见。除依法需要保密的外，法律法规规章和司法解释草案要向社会公开征求意见，并说明相关制度设计，动员社会各方面广泛参与。加强与社会公众的沟通，及时向社会通报征求意见的有关情况，增强社会公众对法律的理解和认知。法律法规规章和司法解释出台后，以通俗易懂的语言将公民、法人和其他组织的权利义务、权利救济方式等主要内容，通过政府网站、新闻媒体公布或在公共场所陈列，方便社会公众理解掌握。

（五）**围绕热点难点问题向社会开展普法**。执法司法机关在处理教育就业、医疗卫生、征地拆迁、食品安全、环境保护、安全生产、社会救助等群众关心的热点难点问题过程中，要加强对当事人等诉讼参与人、行政相对人、利害关系人以及相关重点人群的政策宣讲和法律法规讲解，把矛盾纠纷排查化解与法律法规宣传教育有机结合起来，把普法教育贯穿于事前、事中、事后全过程，让群众在解决问题中学习法律知识，树立法律面前人人平等、权利义务相一致等法治观念。针对网络热点问题和事件，组织执法司法人员和专家学者进行权威的法律解读，组织普法讲师团、普法志愿者广泛开展宣传讲解，弘扬法治精神，正确引导舆论。

（六）建立法官、检察官、行政执法人员、律师等以案释法制度。法官、检察官在司法办案过程中要落实好以案释法制度，利用办案各个环节宣讲法律，及时解疑释惑。判决书、裁定书、抗诉书、决定书等法律文书应当围绕争议焦点充分说理，深入解读法律。要通过公开开庭、巡回法庭、庭审现场直播、生效法律文书统一上网和公开查询等生动直观的形式，开展以案释法。行政执法人员在行政执法过程中，要结合案情进行充分释法说理，并将行政执法相关的法律依据、救济途径等告知行政相对人。各级司法行政机关要加强对律师的教育培训，鼓励和支持律师在刑事辩护、诉讼代理和提供法律咨询、代拟法律文书、担任法律顾问、参与矛盾纠纷调处等活动中，告知当事人相关的法律权利、义务和有关法律程序等，及时解答有关法律问题；在参与涉法涉诉信访案件处理过程中，切实做好释法析理工作，引导当事人依法按程序表达诉求，理性维护合法权益，自觉运用法律手段解决矛盾纠纷。审判机关、检察机关、行政执法机关、司法行政机关要加强典型案例的收集、整理、研究和发布工作，建立以案释法资源库，充分发挥典型案例的引导、规范、预防与教育功能。要以法律进机关、进乡村、进社区、进学校、进企业、进单位等为载体，组织法官、检察官、行政执法人员、律师开展经常性以案释法活动。

（七）创新普法工作方式方法。在巩固国家机关橱窗、板报等基础宣传阵地的同时，积极探索电子显示屏、电子触摸屏等新型载体在普法宣传中的运用，建好用好法治宣传教育基地，切实将法治教育纳入国民教育体系，在中小学设立法治知识课程。充分发挥广播、电视、报刊等传统媒体优势，不断创新普法节目、专栏、频道，开展形式多样、丰富多彩的法治宣传教育。进一步深化司法公开，依托现代信息技术，打造阳光司法工程。注重依托政府网站、专业普法网站和微博、微信、微视频、客户端等新媒体新技术开展普法活动，努力构建多层次、立体化、全方位的法治宣传教育网络。坚持以社会主义核心价值观为引领，大力加强法治文化建设，在做好日常宣传的同时，充分利用国家宪法日、法律颁布实施纪念日等时间节点，积极组织开展集中普法活动，不断增强法治宣传实效。

三、组织领导

各级党委（党组）要高度重视，切实加强对普法工作的领导。各级国家机关要充分认识普法责任制在健全普法宣传教育机制、推进社会主义法治国家建设中的重要作用，把建立普法责任制摆上重要日程，及时研究解决普法工作中的重大问题，加强人员、经费、物质保障，为普法工作开展创造条件。要把普法责任制落实情况作为法治建设的重要内容，纳入国家机关工作目标考核和领导干部政绩考核，推动本部门普法责任制的各项要求落到实处。上级国家机关要加强对下级国家机关普法责任制建立和落实情况的督促检查，强化工作指导，确保普法工作取得实效。对于综合性法律，各有关部门要加强协调配合，增强法治宣传社会整体效果。

各级司法行政机关和普法依法治理领导小组办公室要充分发挥职能作用，加强对国家机关普法工作的指导检查，对涉及多部门的法律法规，要加强组织协调，形成工作合力。要定期召开联席会议，研究解决部门普法工作遇到的困难和问题，推动普法责任制的落实。要健全完善普法工作考核激励机制，建立考核评估体系，对照年度普法计划和普法责任清单，加强对国家机关普法责任制落实情况的检查考核，对责任落实到位、普法工作成效显著的部门，按照国家有关规定予以表彰奖励；对责任不落实、普法工作目标未完成的部门，予以通报。要注重总结落实普法责任制好的做法，积极推广普法工作好的经验，加强宣传，不断提高国家机关普法工作水平。

各地区各部门要按照本意见精神，研究制定具体措施，认真组织实施。

综合性法律，各有关部门要加强协调配合，增强法治宣传社会整体效果。

各级司法行政机关和普法依法治理领导小组办公室要充分发挥职能作用，加强对国家机关普法工作的指导检查，对涉及多部门的法律法规，要加强组织协调，形成工作合力。要定期召开联席会议，研究解决部门普法工作遇到的困难和问题，推动普法责任制的落实。要健全完善普法工作考核激励机制，建立考核评估体系，对照年度普法计划和普法责任清单，加强对国家机关普法责任制落实情况的检查考核，对责任落实到位、普法工作成效显著的部门，按照国家有关规定予以表彰奖励；对责任不落实、普法工作目标未完成的部门，予以通报。要注重总结落实普法责任制好的做法，积极推广普法工作好的经验，加强宣传，不断提高国家机关普法工作水平。

各地区各部门要按照本意见精神，研究制定具体措施，认真组织实施。